Hans Freudenberg (Hg.)

Religionsunterricht praktisch – 2. Schuljahr

8. Auflage

Vandenhoeck & Ruprecht

Religionsunterricht praktisch
Unterrichtsentwürfe und Arbeitshilfen für die Grundschule

Unter Mitarbeit von
Christel Arens, Doris Becker, Gisa Bonman, Gerhard Finger, Sabine und Hans Freudenberg, Elke Grothe, Dorita Haghgu, Ingrid Horschler, Martina Kamm, Hannelene Knepper, Hilde Korthaus, Ellen und Siegfried Krüger, Bärbel Kuhlmann, Ute Langewellpott, Martina Langner, Wilma Neugebauer, Inge Niemeier, Inga Pfeifer, Ulrike Pinnow, Harald Rörentrop, Brigitte Roth, Barbara Schauwecker, Gisela Schubert, Ute Schulze-Selmig, Ingeborg Schwiebert, Anita Stäubler, Kurt-Heinz Stange, Ursula Steffen, Ilona Thiel, Herma Vittinghoff, Beate Voges, Helga Westerholz sowie Karlo Meyer (Religionen)

Religionspädagogische Beratung: Siegfried Macht, Bayreuth
Illustrationen: Rebecca Meyer

Mit Abbildungen und Kopiervorlagen DIN A 4

Bibliographische Information der Deutschen Nationalbibliothek

Die Deutsche Nationalbibliothek verzeichnet diese Publikation in der Deutschen Nationalbibliografie; detaillierte bibliografische Daten sind im Internet über http://dnb.d-nb.de abrufbar.

ISBN 978-3-525-77644-5

Layout und Satz: textformart, Daniela Weiland, Göttingen
Druck und Bindung: ⊕ Hubert & Co, Göttingen

Gedruckt auf alterungsbeständigem Papier.

Inhalt

Ein Vorschlag zur Stoffverteilung im Schuljahr

Abfolge	Alternative
Schulanfang bis Herbst	
A. Wege gehen, Brücken bauen	
D. Der verlorene Sohn: Weggehen und wiederkommen	J. Gottes Haus besuchen
B. Abschied nehmen, weitergehen	K. Bibel und Koran: Gott begegnet Menschen
Herbst bis Weihnachten	
E. Josef und seine Brüder	
C. Zu den Menschen gehen wie Nikolaus	
G. Weihnachten: Unterwegs nach Bethlehem	
Weihnachten bis Ostern	
L. Jesu Umwelt kennenlernen	
F. Mit Jesus gehen: Jesus ruft, Jesus tröstet und heilt	
H. Passion: Einen schweren Weg gehen	
Ostern bis Schuljahrsende	
I. Ostern: Jesus lebt und schenkt Leben	
K. Bibel und Koran: Gott begegnet Menschen	D. Der verlorene Sohn: Weggehen und wiederkommen
J. Gottes Haus besuchen	B. Abschied nehmen, weitergehen

Vorwort des Herausgebers

„Die Entwürfe der Reihe RU PRAKTISCH verdanken ihre Entstehung der Praxis des Religionsunterrichts und der Lehrerfortbildung" – so beschrieben wir zur Geburtsstunde des Markenzeichens RU PRAKTISCH unser Konzept. So ist es seinen Weg gegangen in viele Schulen und unzählige Lehrerhände. Kompetenz und Praxisnähe stehen für ein Erfolgskonzept, das bis heute viel kopiert, aber nie übertroffen wurde. Und die ungebrochene Zustimmung der Kolleginnen und Kollegen legte es nahe, RU PRAKTISCH weiterleben zu lassen.

Dazu bedurfte es verschiedener Anpassungen: an die moderne Religionspädagogik, vor allem an die Kompetenzorientierung, an die aktuellen Curricula, an neue Seh- und Mediengewohnheiten. Im Kern aber ist RU PRAKTISCH sich treu: Geboten werden erprobte Materialien und Bausteine, die

- elementare Inhalte der jüdisch-christlichen Tradition und des Glaubens thematisieren;
- in gleicher Weise lebens- wie sachorientierend sind;
- die Vielstimmigkeit der religiösen Überlieferung (Bibel), der religiösen Sprache (Psalmen, Gleichnisse, Lieder etc.) und der religiösen Praxis (Feste, Feiern, Gottesdienst, Rituale, Diakonie, Biografien etc.) aufschließen helfen;
- die handlungsorientiert, ganzheitlich-sinnenhaft und in methodischer Vielfalt dazu anregen, „Sachen zu klären und Personen zu stärken" (Hartmut von Hentig).

Auch die Neuauflage von RU PRAKTISCH wünscht sich Lehrerinnen und Lehrer, die sich durch die folgenden Entwürfe angeregt und entlastet fühlen – angeregt auch zu eigenen standortbezogenen Modifikationen – und die ihre Arbeit im RU unter dem Anspruch sehen: „Lehren heißt zeigen, was man liebt" (Fulbert Steffensky).

Hans Freudenberg, Unna, im Oktober 2009

Zur Neuauflage

Gutes und Bewährtes noch besser zu machen ist ein hoher Anspruch – im Wesentlichen geht es ums Aktualisieren. Was ist im Einzelnen geschehen?

Neu ist zunächst die Gliederung. Die meisten Curricula fordern eine Mischung von Bausteinen (Unterrichtseinheiten), die – einander überschneidend und ergänzend – in folgenden Bereichen religiösen Wissens und Könnens kompetent, d. h. auskunfts- und handlungsfähig machen: Mensch, Welt, Gott, Jesus Christus, Kirche, Religionen, Bibel. Daraus ergibt sich die neue Grobstruktur, in die sich die einzelnen Bausteine einfügen. Dabei sind in den Bereichen „Religionen", „Kirche" und „Projekt Bibel" völlig neue Bausteine ergänzt worden.

Jeder Baustein gliedert sich in vier Abschnitte: 1. Theologische und didaktische Aspekte; 2. Kompetenzen und Ziele; 3. Verlaufsplanung – sowie (ohne Ziffer) die Materialien. Die entscheidende Neuerung betrifft Abschnitt 2:

Der Fokus liegt auf prozess- und ergebnisorientierten *Kompetenzen*: „Was sollen die Kinder am Ende *können* (was sie vorher nicht konnten)? Sie „kennen" nicht nur, sie „können" – erzählen, erklären, vergleichen, werten, gestalten …; dies wird so konkret wie möglich und in Übereinstimmung mit den Anforderungen der Curricula formuliert.

Der Tatsache, dass es unterschiedliche Kompetenzverständnisse in den verschiedenen Bundesländern gibt, trägt das neue RU praktisch dadurch Rechnung, dass es die Lernerfolge der Kinder doppelt beschreibt: zum einen verbal (s. o.), zum anderen nominal: als Sachkompetenz, Selbstkompetenz, soziale, kommunikative, Sprach-, Dialog- oder Urteilskompetenz – wohl wissend, dass diese Kategorien immer nur einen Ausschnitt komplexer religiöser Kompetenz bezeichnen.

Neue Wege geht RU praktisch bei der Präsentation von Bibeltexten: Es macht keinen Erzählvorschlag mehr (der dann doch eher selten zur Persönlichkeit der Erzählenden passt), sondern gibt ein Erzählgerüst vor („Szenen"), das nach individueller Erzähllust und im engen Kontakt mit der Lerngruppe ausgestaltet werden kann. Auch der Einsatz von Lege- oder Biegefiguren (z. B. EGLI) ist denkbar.

Dabei ist es wichtig, dass bestimmte inhaltliche Standards beachtet werden. Diese entfaltet ein „Blitzkurs Biblisch Erzählen" im Anschluss an dieses Vorwort. Zu jedem Baustein, der mit biblischen Geschichten arbeitet, gibt es außerdem in einem gesonderten Abschnitt „Biblisch erzählen" Hinweise auf die Besonderheiten der Texte und Inhalte.

Das neue RU praktisch bringt Farbe in Ihren Unterricht: Die Materialien etwa zu Themen wie „Schöpfung" oder „religiöse Praxis" bedürfen der Lebendigkeit lebensnaher Bilder. Fotos, die im Materialteil kopierfähig, und das heißt: schwarz-weiß, abgedruckt sind, sind in Farbe und projizierbar als Zusatzmaterial erhältlich: Beachten Sie die Download-Angebote im Webshop www.v-r-schule.de: Religionsunterricht praktisch – Bilder. Auch Schablonen und Zeichnungen aus dem Buch sind hier digital abrufbar und können als DIN A4-Vorlagen ausgedruckt werden.

Sie finden im Buch den Hinweis Download; er bezeichnet die verfügbaren Zusatzmaterialien (RU praktisch – Bilder 2. 2. Schuljahr, ISBN 3-647-92001-6).

Blitzkurs Biblisch Erzählen

Biblische Geschichten unterscheiden sich von anderen Geschichten, die wir Kindern erzählen: 1) Sie sind zunächst einmal *nicht* für Kinder verfasst; 2) Sie sind bei aller äußeren Dramatik vor allem und im Kern *innere Geschichten*, Geschichten von Menschen, die Gott begegnet sind.

Das bedeutet erstens, dass wir, wenn wir Kindern biblische Geschichten erzählen, elementarisieren. Dass wir zu ihnen reden und nicht über ihre Köpfe und ihren Horizont hinweg. Dass wir ihnen Zeit und Gelegenheit geben mitzukommen.

Um einem Missverständnis vorzubeugen: Ein solches Elementarisieren bedeutet weder Kürzen noch Verniedlichen oder Verharmlosen. Es kann sogar bedeuten, erzählend *auszuholen* und zu *verweilen* – so, wie es die Kinder brauchen. Es bedeutet, die Kinder in die Erzählung einzubeziehen, *Brücken zu schlagen* zwischen der fremden Welt der Geschichte und ihrer eigenen Lebenswelt.

Wo wir verniedlichen, verflacht die innere Botschaft (s. o.) und verliert ihre Relevanz. Das bedeutet nicht, dass wir *immer alles* erzählen müssen – es bedeutet aber, dass das, was wir erzählen, glaubwürdig sein muss und dem wachsenden Verständnis der Kinder standhalten muss.

Womit wir beim Zweiten sind: In biblischen Geschichten begegnen Menschen – und damit ebenso wir und unsere Zuhörer – *Gott*. Das ist für viele Kinder überhaupt nicht selbstverständlich. Dass Gott da ist, ist nicht selbstverständlich, dass Gott redet, ist nicht selbstverständlich. Dass Gott handelt – wer rechnet damit? Es ist wichtig, dies nicht wie selbstverständlich oder gar lieblos zu erzählen. Es ist wunderbar und aufregend. Es ist der Kern der Erzählung.

In biblischen Geschichten lernen wir *Jesus Christus* kennen, der ganz Mensch war und doch in Gottes Namen sprach (und spricht). Dies ist das Wunderbare und Paradoxe an Jesus, das macht ihn zu mehr als einem guten Menschen oder Wunderheiler oder eindrucksvollem Prediger. Beim Erzählen sollte man daher sehr bewusst und profiliert von Jesus erzählen – wiederum ohne Verniedlichung, im Schatten des Kreuzes und im Licht von Ostern.

Biblische Geschichten handeln von *Gut und Böse*. Wo etwas geschieht, das gegen Gottes Willen ist – Lieblosigkeit, Ausgrenzung, Selbstsucht –, ist das deutlich beim Namen zu nennen. Andererseits ist es falsch (und lange genug falsch praktiziert worden), aus dem Erzählten moralische Lehren ziehen zu wollen. Die Geschichten der Bibel erzählen zwar von Gut und Böse, aber sie sind nicht als „Erziehungsgehilfen" der Erwachsenen konzipiert.

Ebenso entscheidend: Es ist zu unterscheiden zwischen dem *Menschen* und seiner Tat. Wie schlecht er auch handeln mag, vor Gottes Angesicht erhält er eine zweite Chance. Und die sollte er bei uns und bei den Kindern auch haben.

Was die biblischen Geschichten zu einem – aus religionspädagogischer Sicht – lebenswichtigen Stoff macht, ist schließlich ihr *Hoffnungspotenzial*. Ob sie Frohes oder Trauriges berichten: In Gottes Angesicht gibt es immer eine Perspektive auf Leben, auf Hoffnung, auf Zukunft hin. Es ist wichtig, dass die Bibelnacherzählungen dies vermitteln. Kinder brauchen biblische Geschichten. Vor allem aber brauchen sie Hoffnung – die Hoffnung, dass nicht alles gleichgültig, nicht alles vergebens ist.

Aus dem Gesagten ergeben sich zehn Gebote der inhaltlichen Gestaltung biblischer Geschichten, die es mitzudenken gilt, wenn wir uns auf eine Erzählung vorbereiten.

1. Verbinden: Die Brücke schlagen zwischen Geschichte und Hörer
2. Einen Weg beschreiten: Die Geschichte spannend erzählen
3. Verorten: Die Geschichte in ihren Zusammenhang stellen
4. Verweilen: Innehalten; ausmalen, wo es wichtig wird, sich einfühlen
5. Aufmerksamkeitszeichen setzen: Explizite Hinweise auf Besonderes geben
6. Eindeutig und behutsam von Gott reden: Gott die Ehre geben
7. Eindeutig und menschlich von Jesus reden: Jesus von Kreuz und Ostern her konzipieren
8. Wachsam von Gut und Böse reden: Das Böse beim Namen nennen
9. Teilnehmend vom Menschen reden: Sich in Menschen einfühlen, sich vor Wertungen und Vorverurteilungen hüten
10. Hoffnung zeigen: Dem Leben und der Liebe das letzte Wort lassen

Ergebnissicherung: Zum Festhalten

Sammelkarten erleichtern den Sch den Überblick über das, was sie erarbeitet haben:

Auf dieser und den nächsten drei Seiten finden sich die Vorlagen für einzelne Karten (bitte kopieren und ausschneiden). Jede Karte bündelt einen der Bausteine (A bis L) aus dem Unterrichtsmaterial.

Wir schlagen vor, dass die Sch jeweils nach Abschluss eines Bausteins die entsprechende Karte erhalten. Die Karten werden – z. B. in einer Klarsichthülle im Religions-Ordner – gesammelt und dann am Ende des Schuljahres gesichtet: Was haben wir alles gemacht? Und: Worauf ist es angekommen? Die Karten werden dann, zusammen mit Deckblatt und Schlussseite zusammengeklammert oder getackert – die Sch haben ihr eigenes kleines Religionsbuch.

RELIGION

2. Klasse

Ich baue eine Brücke …

A

B	Zeichen des Trostes … 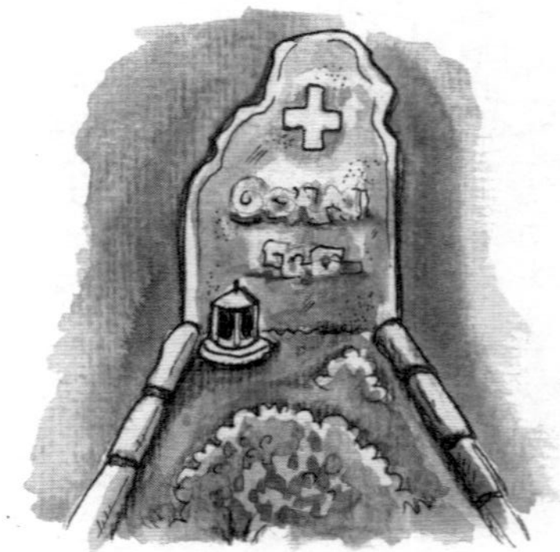	C	Ein guter Mann … 
D	Der verlorene Sohn kommt zurück … 	E	Josef und seine Brüder … 

F Jesus ruft, Jesus heilt …

G Unterwegs nach Bethlehem …

H Auf dem Weg zum Kreuz …

I Eine freudige Nachricht breitet sich aus …

J

In Gottes Haus …

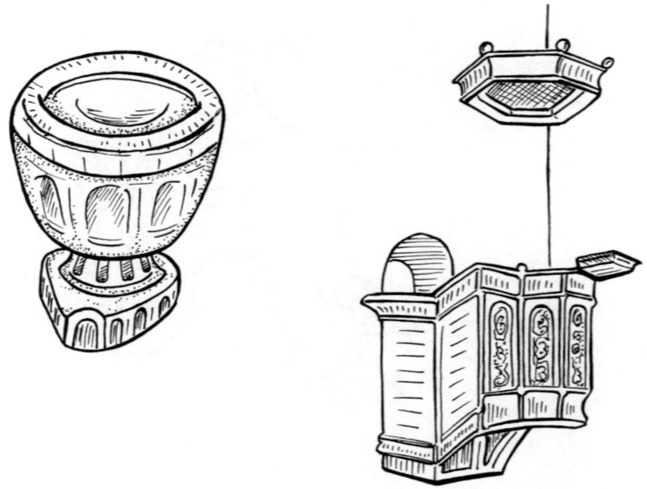

K

Gott begegnet Menschen …

L

Wie Jesus lebte …

Zum Schluss …

1 Mensch und Welt

A. Wege gehen, Brücken bauen
B. Abschied nehmen, weiterleben
C. Zu den Menschen gehen wie Nikolaus

A Wege gehen, Brücken bauen

1. Theologische und didaktische Aspekte

Wege und Brücken verbinden Orte und Menschen, überwinden Distanzen und Hindernisse, führen Getrenntes zusammen. Wege anzulegen und Brücken über Flüsse und Schluchten zu schlagen, gehört zur Kultur des Menschen. „Weg“ und „Brücke“ haben auch eine symbolische Dimension: „Weg“ hat (nicht nur etymologisch) zu tun mit Bewegung, Unterwegs-Sein und Wagnis und verweist auf elementare menschliche Erfahrungen:

- Aufbruch/Neubeginn/neue Erfahrungen machen
- Entscheidungen treffen müssen (Weggabelungen)
- Weggefährten haben
- Spuren folgen, Spuren hinterlassen
- Ziel, das im Dunkel liegt

Viele Geschichten des AT und NT sind Weggeschichten: Abrahams Weg von Ur ins verheißene Land – Josefs Weg – Israels Exodus und 40-jährige Wanderung in der Wüste – Die jährlichen Wallfahrten zum Zion (vgl. z. B. Ps 48.76.87) – Ps 23 – Elias Weg zum Horeb (1 Kön 19) – Die Wege Judas bzw. Israels ins assyrische bzw. babylonische Exil und die Heimkehr der Verbannten – Der verlorene Sohn (Lk 15) – Der barmherzige Samariter (Lk 10,25 ff.) – Jesu Weg zum Kreuz – Die Jünger auf dem Weg nach Emmaus (Lk 24) – Die Kirche als wanderndes Gottesvolk (Hebr).

Der Rabbi aus Nazareth, der auf den Straßen Galiläas unterwegs ist, ohne feste Adresse und geregeltes Einkommen, legt seinen Weg zum Kreuz als *den* Weg zu Gott aus: „Ich bin der Weg und die Wahrheit und das Leben; niemand kommt zum Vater denn durch mich“ (Joh 14,6).

Brücken verbinden nicht nur Ufer mit Ufer, Stadt mit Stadt, Menschen mit Menschen, sondern im Wortfeld „Brücke“ schwingt auch ein tiefer Sinn- und Symbolgehalt mit: Ich kann jemandem bzw. zu jemandem eine (goldene) Brücke bauen und Gegensätze „überbrücken“. – „Brücken“ können „geschlagen werden“ im Sinne von Verbindungen stiften, Kontakt aufnehmen, Freundschaft schließen – zwischen Völkern und Rassen – zwischen Konfessionen – zwischen Alten und Jungen – zwischen Armen und Reichen – zwischen kontroversen Standpunkten. Eine Brücke, die Menschen verbindet, kann sein: ein Brief, ein tröstendes Wort, ein Lächeln, ein Händedruck, Liebe, eine Hilfeleistung.

Brücken zwischen Menschen können aber auch zerbrechen. Misstrauen und Feindschaft, Lüge und Angst gefährden die Brücken zwischen Menschen. Wie kann in solchen Situationen eine neue Brücke „wachsen“? Biblisches Urbild der Brücke ist der Regenbogen als „transparente Lichtbrücke“ und Symbol der überwundenen Trennung zwischen Gott und Mensch und Sinnbild der Versöhnung und verlässlichen Liebe Gottes, die über alle Abgründe des Lebens trägt: „Meinen Bogen habe ich in die Wolken gesetzt; der soll das Zeichen sein des Bundes zwischen mir und der Erde“ (Gen 9,13).

Anliegen der Unterrichtseinheit ist es, in

vereinfachter, schülergerechter Form und ausgehend von konkreter Anschauung (besichtigen, bauen, Weg- und Brückengeschichten bzw. -erfahrungen) den metaphorischen Gehalt der Symbole „Weg“ und „Brücke“ unter Einschluss der biblischen Bezüge (hier insbesondere Jesus als „Brückenbauer“) zu erschließen.

Als Schwerpunkte sind die Unterrichtsschritte c) „Brücken verbinden Menschen“ und f) „Jesus geht Wege und baut Brücken zu den Menschen“ anzusehen, während g) „Wir planen und feiern ein Brückenfest“ eine bündelnde Funktion erfüllt und dem Erfahrungsfeld „Feste feiern“ Raum gibt.

2. Kompetenzen und Ziele

Die Schülerinnen und Schüler
- kennen die Funktion von Brücken im Wortsinn und können eine Brücke zeichnen oder basteln (Sachkompetenz)
- kennen zwischenmenschliche „Brücken“ und können Beispiele nennen (Transfer; Sach- und Sprachkompetenz)
- können Verhaltensweisen und Einstellungen beschreiben, die das Verständnis zwischen Menschen hindern bzw. fördern (soziale und kommunikative Kompetenz)
- können mit dem Symbol Brücke sachgemäß umgehen (Deutekompetenz)
- können Geschichten erzählen, in denen Jesus als „Brückenbauer“ auftritt (religiöse Sachkompetenz)

3. Unterrichtsschritte

a. Wir erkunden Brücken in unserer Umgebung

Im Rahmen eines Unterrichtsganges besichtigen die Sch eine oder mehrere Brücken in der Nähe der Schule.

Sie beschreiben die Brücke(n) bezüglich Aussehen, Material, Bauweise, Funktion.

Falls sich in der Nähe keine Brücke befindet oder ein Unterrichtsgang aus anderen Gründen nicht möglich ist, bieten sich ersatzweise folgende Alternativen an:
- Die Sch erzählen von Erlebnissen mit Wegen und Brücken (aus den Ferien).
- L-Erzählung, in deren Mittelpunkt ein Weg bzw. eine Brücke steht.

b. Wir bauen Brücken

L legt blaue Krepppapierstreifen oder ein blaues Tuch oder einen Schal auf die Gruppentische und fordert die Sch auf, über diesen „Fluss“ eine Brücke zu bauen. L verteilt Material: Karton, Wäscheklammern, Tacker, Büroklammern o. Ä. Die Kinder werden tätig und berichten über ihre Erfahrungen.

Alternativ
L verteilt das Arbeitsblatt 1 und stellt evtl. weiteres Material bereit. Kinder beschreiben noch einmal – über die lokalen Erkundungen hinaus – die Funktion von Brücken, auch im erweiterten Sinn.

c. Brücken verbinden Menschen

Bild als Impuls
Eine Flusslandschaft, begrenzt von Brückenpfeilern 2. Dazu wird die Brücke auf einen DIN A2-Karton übertragen (Vergrößerung mit Kopierer oder OHP). Die entsprechend vergrößerten Bogenbausteine 3 werden an die Sch verteilt. Der Mittelbaustein (ICH HELFE DIR) ist vorgegeben.

Die Sch erarbeiten verbal die symbolische Bedeutung des Begriffes „Brücken bauen“ und lernen, ihn auf das Schaffen von Verbindungen und das Lösen von Konflikten mit anderen Kindern und Erwachsenen anzuwenden: Spielbrücken – Freundschaftsbrücken – Brücken mit Worten – Brücken zu Ausländern – Brücken zwischen Jungen und

Mädchen – Brücken durch Teilen und Abgeben – Was rufen sich die Kinder zu?

Gruppenarbeit
„Solche Bausteine können zu Brücken werden" – Die Gruppen füllen die Bausteine des Brückenbogens mit Wörtern oder Bildern und fügen sie zur Brücke zusammen.

d. Brücken verbinden Menschen überall

Im ersten Teil von 4 wird noch einmal die reale Brückenverbindung beispielsweise zwischen Ortsteilen, zwischen Innenstadt und Grünanlagen etc. von den Sch erarbeitet. Den zweiten Teil von 4 „Auch solche Brücken verbinden" können die Sch mit den entsprechenden Symbolen ausgestalten (malen, beschreiben).

Beobachtungsaufgabe für die folgende Schulwoche
Beobachte, wo in der Schule oder zu Hause von Menschen Brücken gebaut werden. Berichte darüber.

Pantomimisch kann erarbeitet werden, wie z. B. ein Mutiger einem Schüchternen eine Brücke baut: Der Mutige holt den Schüchternen ab und führt ihn. Er streckt ihm die Hand entgegen; er schaut ihn ermutigend an; er baut ihm eine Brücke durch Zurufen, durch Zuspruch, durch Gesten und durch Zeichen geben etc.

e. Mut zum Brückenbauen

Geschichte „Die Brücke" 5
Die Sch lesen das Lied „Herr, gib mir Mut zum Brücken bauen" 6 und erarbeiten seine Bilder. Sie setzen es zur o. a. Geschichte in Beziehung.

Sie lernen die Melodie des Liedes und unterstreichen die Aussagen durch Handbewegungen und Körpersprache.

f. Jesus geht Wege und baut Brücken zu den Menschen

Im Sinne der Verschränkung wird auf Einsichten aus „RU PRAKTISCH 1. Schuljahr: Klein sein, wertvoll sein" zurückgegriffen; wir erinnern an: die Kinder aus der Kindersegnung; an Zachäus; an Bartimäus.

An der unter c) erarbeiteten Pappbrücke stehen sich Jesus und die Kinder/Jesus und Zachäus/Jesus und Bartimäus gegenüber (Figuren: 7). Die Sch rekonstruieren anhand der visuellen Hilfe diese Geschichten.

Oder: Stabpuppenspiel oder freies Rollenspiel („Zachäus" oder „Bartimäus").

g. Wir planen und feiern ein Brückenfest

Vorbereitungen
Wenn nicht alle Sch der Klasse am Religionsunterricht teilnehmen, werden die fehlenden zu dieser Stunde eingeladen. Einladungen können mit 8 gestaltet werden. Gemeinsam wird überlegt, welche Speisen und Getränke zur Feier mitgebracht werden könnten (z. B. Brot, Obst, roter Traubensaft u. ä.). Zur Dekoration werden blaue Tücher benötigt; aus brauner Pappe werden „Steine" verschiedener Größe gerissen oder geschnitten.

L besorgt zusätzlich zu den mit 9 zum Projizieren angebotenen Bildern das komplette Buch „Die Kinderbrücke" von Max Bollinger (Farbfolien, Beamer-Projektion).

Durchführung
Tische und Stühle werden zur Seite gestellt, in der Mitte des Raumes wird mit blauen Tüchern ein Fluss ausgelegt. Pappsteine und Lebensmittel liegen am Rand des Flusses. Die Sch setzen sich auf beiden Seiten auf den Boden und begrüßen sich, je nach örtlicher Situation, in verschiedenen Sprachen. L liest „Die Kinderbrücke" bis S. 7/8 und zeigt die entsprechenden Bilder. Hier unterbricht L seine Erzählung und lässt je ein Kind vom

rechten und linken Flussufer einen „Pappstein" in den Fluss werfen.

Die weitere Erzählung wird zum zweiten Mal unterbrochen auf S. 12/13, als die Kinder am Fluss stehen und die Steine aus dem Wasser ragen. Zwei Kinder führen die Erzählung im Rollenspiel weiter (z. B. setzen sie sich auf die Steine, begrüßen sich, stellen sich vor, überlegen gemeinsame Tätigkeiten). L liest die Geschichte nun weiter vor, bis der Regen einsetzt.

Die Sch begleiten den Regen durch Trommeln mit den Fingern. Die Steine verschwinden im Fluss. L erzählt nun das Ende der Geschichte. Die Sch bauen eine Brücke aus Pappstücken und Lebensmitteln über den Fluss. Sie bleiben am Rand stehen, fassen sich an den Händen und singen eine oder mehrere Strophen des Brückenliedes 10.

Anschließend setzen sich die Sch auf die Pappelemente und teilen das Essen. Zum Abschluss werden die Tücher abgeräumt, alle Kinder fassen eines der Tücher mit der rechten Hand, gehen im Kreis und singen weitere Strophen des Brückenliedes.

Bastelbogen: Brücken bauen

ausschneiden ————

knicken - - - - -

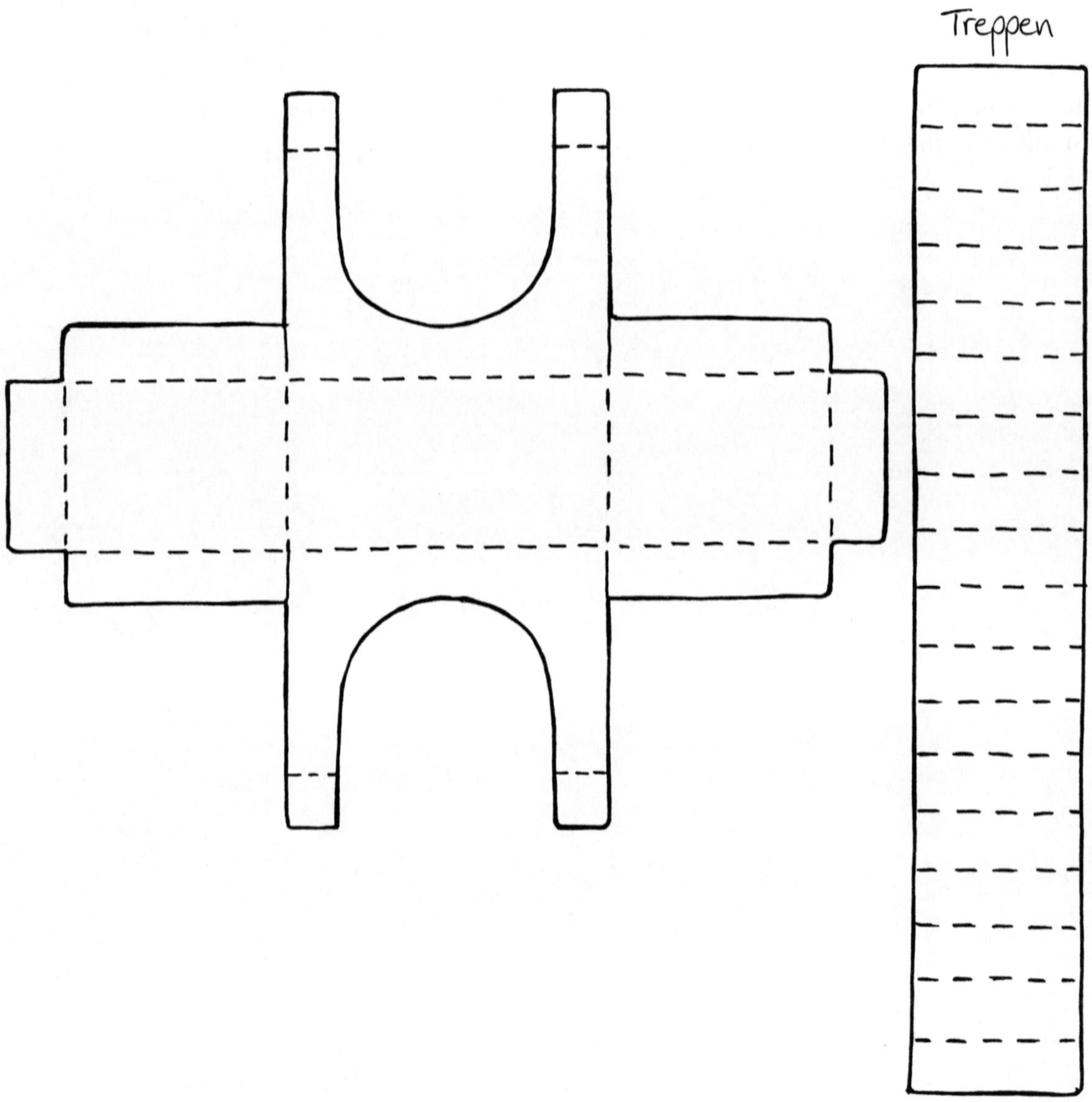

Klebebild: Brücken bauen

Klebebild: Brückensteine

Auch solche Brücken verbinden

Die Brücke

a. Max und Peter waren Schüler der dritten Klasse. Sie wohnten einander gegenüber in derselben Straße einer kleinen Stadt. Früher waren sie dicke Freunde gewesen: dann war es aus einem unerfindlichen Grunde zum Streit gekommen und sie hatten begonnen, einander wie böse Feinde zu hassen. Lief Max aus dem Tor seines Hofes, so schrie er über die Straße: „He, du Dummkopf!" Und er zeigte dem früheren Freund die Faust. Und Peter gab zurück: „Wie viele solche Mistkäfer, wie du einer bist, gehen wohl auf ein Kilo?" Dabei drohte auch er mit der Faust. Ihre Schulkameraden versuchten mehrmals, die beiden zu versöhnen, aber alle Mühe war umsonst: Sie waren richtige Starrköpfe. Schließlich fingen sie an, einander mit Schmutzklumpen zu bewerfen.

Einmal regnete es besonders stark. Dann verzogen sich die Wolken und die Sonne zeigte sich wieder, aber die Straße stand unter Wasser. Wer sie überqueren wollte, tastete mit dem Fuß ängstlich nach der Tiefe des Wassers und wich zurück. Max trat aus dem Haus, blieb beim Hoftor stehen und schaute mit Vergnügen um sich: Alles war so sauber und frisch nach dem Regen und glänzte in der Sonne.

Plötzlich aber verfinsterte sich sein Gesicht. Er sah seinen Feind Peter am jenseitigen Hoftor stehen. Und er sah auch, dass Peter einen großen Stein in der Hand hielt. So, so, dachte sich Max, du willst also einen Stein nach mir werfen. Nun gut, das kann ich auch! Er lief in den Hof zurück, suchte und fand einen Ziegel und lief wieder auf die Straße, zur Abwehr bereit.

b. Doch Peter warf den Stein nicht nach dem Feind. Er kauerte sich an den Straßenrand und legte ihn behutsam ins Wasser. Dann prüfte er mit dem Fuß, ob der Stein nicht wackle, und verschwand wieder. Der Stein sah wie eine kleine Insel aus.

Ach so, sagte sich Max. Das kann ich auch. Und er legte seinen Ziegel ebenfalls ins Wasser. Peter schleppte schon einen zweiten Stein herbei. Vorsichtig trat er auf den ersten und senkte den zweiten ins Wasser, in einer Linie mit dem Ziegel seines Feindes. Dann holte Max drei Ziegelsteine auf einmal. So bauten sie einen Übergang über die Straße. Leute standen zu beiden Seiten; sie schauten den Knaben zu und warteten.

Schließlich blieb nur ein Schritt zwischen dem letzten Ziegel und dem letzten Stein. Die Knaben standen einander gegenüber. Seit langer Zeit blickten sie sich zum ersten Mal wieder in die Augen, und Max sagte: „Ich habe eine Schildkröte. Sie lebt bei uns im Hof. Willst du sie sehen?"

© Natalie Oettli, aus: D. Steinwede/S. Ruprecht (Hg.), Vorlesebuch Religion 1, Göttingen ^{15}1990, S. 86 f.

Lied: Mut zum Brücken Bauen

Text: Kurt Rommel; Melodie: Paul Gerhard Walter

7 Kinder, Zachäus, Bartimäus

8 Einladungskarte: Brücken bauen

Die Kinderbrücke – Bilder

© Max Bolliger / Štěpán Zavřel, Die Kinderbrücke, 16. Aufl. 2007, bohem press, Zürich

Brückenlied

Text: Siegfried Macht; Melodie: Nach dem Volkslied „Sur le pont d'Avignon"

B Abschied nehmen, weitergehen

1. Theologische und didaktische Aspekte

„Abschied ist ein scharfes Schwert" – so der Refrain eines populären Schlagers, den manche Lehrerin vielleicht noch im Ohr hat. Im Band „RU praktisch – 1. Schuljahr" ist die Schwierigkeit des Abschiednehmens bereits zur Sprache gekommen, im Baustein G. „Abraham: Gerufen sein". Die Sch haben dort bedacht, dass ein Aufbruch Schmerzen und Ängste auslösen kann; unter der Verheißung der Begleitung und des Segens Gottes aber erweist er sich trotzdem als zukunftsträchtig und heilvoll.

Ganz ähnlich soll hier nun das Abschiednehmen – auch und insbesondere das Sterben – zum Thema werden: Schmerz und Trauer werden ernst genommen, aber das Leben – und das ist kein billiger Trost, sondern Lebenserfahrung – geht weiter.

Um für das Weitergehen bereit zu sein, bedarf es jedoch zunächst einer Auseinandersetzung mit dem Verlust, mit Abschied, Tod und Trauer. Ein wenig kann man das üben: Indem sich Kinder (und ebenso Erwachsene) gewissermaßen präventiv mit den Umständen des Todes, mit seiner Realität und seinen Ritualen beschäftigen, können sie umso leichter im Ernstfall auf das eine oder andere zurückgreifen, was den Schock mindern und trostreich sein mag.

In ihrer „Orientierungshilfe" mit dem Titel „Sterben, Trauer und Tod in der Schule" führt Stephanie Witt-Loers, eine professionelle Trauerbegleiterin, aus:

„Erschwert wird Kindern und Erwachsenen eine innere Auseinandersetzung mit Sterben, Tod und Trauer dadurch, dass wir in unserer heutigen Zeit immer weniger Gelegenheit haben, dem Sterben und dem Tod zu begegnen. Aus dem alltäglichen Leben sind sie weitgehend ausgegrenzt. Menschen sterben heute nur selten zu Hause. Häufig werden die älteren oder sterbenden Menschen in Institutionen wie Altersheimen, Krankenhäusern oder Hospizen versorgt und das „Sterbegeschehen" somit ausgelagert.

Zusätzlich sind viele traditionelle Riten und Bräuche in unserer Gesellschaft verloren gegangen. Das gemeinschaftliche Trauern in der Familie, die Aufbahrung zu Hause, die Totenwache und die Totenklagen sind selten geworden; die schwarze Trauerkleidung, die den Trauernden früher kenntlich machte, wird nicht mehr selbstverständlich getragen.

Der Tod ist zu einem gesellschaftlichen Tabu geworden, das durch die hohe Lebenserwartung, die hohen Ansprüche an Gesundheit und Medizin und durch das in den Medien dargestellte und idealisierte Menschenbild nur verstärkt wird.

Auf der anderen Seite erleben Kinder den Tod in den Medien schon früh, aber auch sehr einseitig. Siebzig Morde täglich könnten sich Kinder im Fernsehen laut einer Studie des Nachrichtenmagazins SPIEGEL ansehen. Viele Filme und Computerspiele verharmlosen das Töten. Oft ist das wahllose, massenhafte und brutale Töten sogar Sinn des Spiels. Zeitungen, Internet und Nachrichtensendungen sind voll von Bildern, die Kriege, Katastrophen, Unfälle und Verbrechen zeigen. Möglichkeiten zur Auseinandersetzung und zur Aufarbeitung des Geschehenen und Gesehenen gibt es selten. Oft werden Kinder mit Todes-Bildern und Todes-Spielen allein und damit sich selbst überlassen.

Eine wichtige Form, vom Verstorbenen Abschied zu nehmen, ist die Trauerfeier oder Beerdigung. Sie ist ein Ritual, das hilft, Abschied zu nehmen, den Verlust zu begreifen und ihn als Realität anzuerkennen. Auch hier werden in unserer Gesellschaft Kinder oft ausgeschlossen. So bleibt ihnen die Möglichkeit, sich zu verabschieden und den Tod für sich zu realisieren, verwehrt und fremd. Unter anderem aus diesen Gründen ist dann die Begegnung mit Sterben, Tod und Trauer mit starken Angstgefühlen, Unsicherheit und Hilflosigkeit besetzt.

Aus den oben aufgeführten Gründen lässt sich die Wichtigkeit und Notwendigkeit ableiten, Sterben, Tod und Trauer im schulischen Bereich zu bearbeiten und zu thematisieren. Viel Angst, Scham, Einsamkeit und andere leidvolle Erfahrungen könnten vermieden werden, wenn wir uns bewusster mit diesen tabuisierten Themen beschäftigen würden.

Es ist sinnvoll, sich frühzeitig, das heißt, bevor ein aktueller Anlass dazu zwingt, mit Sterben, Tod und Trauer zu beschäftigen. Die akute Situation könnte dadurch entschärft werden, der Umgang damit liefe entspannter ab. In einer durch aktuelle Ereignisse ausgelösten Trauersituation könnten wir auf gemeinsame Ressourcen im Umgang miteinander zurückgreifen, wenn wir uns zuvor mit Gedanken an Tod und Trauer beschäftigt haben. Wir könnten die Entstehung unnötiger Ängste in der Trauersituation verhindern und auf bereits entwickelte Ausdrucksformen von Gefühlen, die mit Sterben, Tod und Trauer verbunden sind, bauen. Das gibt Schülern, Lehrenden und Eltern mehr Sicherheit im Umgang und im Verständnis für sich und die anderen.“

Stephanie Witt-Loers, Sterben, Tod und Trauer in der Schule. Eine Orientierungshilfe mit Kopiervorlagen, Göttingen 2009, S. 14/15

Natürlich kann es nicht darum gehen, Verlustängste zu schüren. Aber an Geschichten über Menschen, die Abschied nehmen mussten bzw. Verluste erlitten haben, können – mit der nötigen Distanz – Beobachtungen gemacht und Erfahrungen gesammelt werden.

Ein weiterer „neutraler“ Ansatz: Einen Friedhof zu besichtigen und nachzuschauen, welche Wege des Trostes die Gräber und die Grabsteine anbieten.

Und schließlich: Kinder dieses Alters sind an Tatsachen interessiert: Was bedeutet „tot“? Was fühlt ein toter Körper? Was geschieht mit ihm? Wo bleibt er? Wie verläuft eine Beerdigung?

Nur andeutungsweise und „zum Ausprobieren“ kommt am Ende des Bausteins die christliche Hoffnung ins Spiel: „Leben wir, so leben wir dem Herrn; sterben wir, so sterben wir dem Herrn. Darum: Wir leben oder sterben, so sind wir des Herrn.“ (Römer 14,8).

Biblisch erzählen

An die Geschichte von Abrahams Aufbruch kann angeknüpft werden, vermutlich ohne sie neu zu erzählen. Ein prägendes Bild – z. B. Abraham unterm Sternenhimmel – sollte als Grundlage genügen. Abrahams Lebensende kann beispielhaft sein für die gute Ordnung des Lebens und Sterbens: Er stirbt „alt und lebenssatt“ und nachdem er all seine Angelegenheiten geregelt hatte: Der Sohn war verheiratet, der Besitz übergeben, der Segen Gottes geht vom Vater auf den Sohn.

Neu zu erzählen wäre von König David und seinem dreifachen Verlust: Sein Freund

Jonatan fällt im Kampf, ein Kind stirbt als Säugling, ein Sohn stirbt als Rebell gegen den eigenen Vater. Das sind keine „wohlgeordneten“ Todesfälle, das sind grausame Einbrüche des Todes in junges, hoffnungsvolles Leben. Dabei ist nicht in erster Linie König David unser Thema (das wäre auch zu komplex für die zweite Klasse), sondern ganz präzise und fokussiert der Psalmensänger David (bekannt aus Klasse 1, Bibelprojekt „Psalmen“) und seine Art zu trauern: Für Jonatan singt er ein Trauerlied; für das Baby betet er, solange es noch Hoffnung gibt; danach wendet er sich wieder dem Leben zu; um Absalom weint und klagt er laut, obwohl er ihm doch „böse“ sein müsste.

2. Kompetenzen und Ziele

Die Schülerinnen und Schüler

- können Traurigkeit und Trauer im Gesicht eines Menschen erkennen; sie finden Worte und Sprache, darüber zu sprechen (Empathie, soziale und kommunikative Kompetenz)
- können über eigene Verlust-Erlebnisse und Gefühle sprechen (Ich-Kompetenz)
- wiederholen und festigen ihr Grundwissen über Abraham und über David als Psalmsänger (religiöse Sachkompetenz)
- können von Abrahams Ende erzählen und erläutern, was der biblische Ausdruck „alt und lebenssatt“ sterben bedeutet (Deutekompetenz)
- kennen Trauerfälle in den alttestamentlichen Davids-Geschichten und können beschreiben und nachvollziehen, wie David damit umging (Sach- und Ich-Kompetenz)
- können Gestaltungselemente eines Friedhofs/eines Grabs beschreiben und deuten (Sach- und soziale Kompetenz)
- kennen die christliche Hoffnung, dass Gott auch bei den Toten ist (religiöse Kompetenz)

3. Unterrichtsschritte

a. Abschied tut weh …

Das Einstiegsbild wird groß an die Wand projiziert (alternativ: Jedes Kind erhält eine Kopie der Einstiegsseite des Kapitels, S. 13). Spontane Äußerungen werden zugelassen und ermutigt. Im Gespräch entwickeln sich erste Einschätzungen: Das Kind weint. Es ist traurig. Es trauert – worüber?

Wenn es nicht von selbst geschieht, lenkt L das Gespräch behutsam auf die Sch: Wer war denn schon einmal so traurig? Was war da? Und was hat am Ende getröstet?

Angesichts der Tatsache, dass das dargestellte Kind „aus Stein“ ist, liegt der Gedanke an ein Denkmal nahe. Wo könnte das stehen? Wozu?

Die Kinder malen den Ort, an dem das Denkmal steht – evtl. bei leiser Musik.

b. Abraham nimmt Abschied

Einstieg

L zeigt das Bild 1 oder das entsprechende Bild aus „RU PRAKTISCH – 1. Schuljahr“; die Sch erinnern sich an Abraham und tragen zusammen: Aufbruch, Abschied, Gottes Verheißung, Segen, Isaak …

Wiederholendes Gespräch über den Aufbruch – Ängste und Traurigkeiten.Woher haben Abraham und Sara die Kraft genommen, dennoch aufzubrechen?

L zeigt 2, Abraham auf dem Sterbebett; umgeben von Denkblasen: Isaak und Rebekka; große Herden; Saras Grabmahl; viele Enkel …; L erzählt von Abrahams Ende 3.

Vertiefung

Für Kleingruppen: Auf einem großen Blatt steht in der Mitte „lebenssatt“; die Sch schreiben und malen rund um die Schrift, was sie mit diesem Wort verbinden.

c. David trauert

Einstieg
L zeigt das Bild von David mit der Harfe (4; Erinnerung an das Chagall-Bild in RU praktisch – 1. Schuljahr). Gemeinsame Erinnerung an David und die Kraft seiner Lieder (konnte König Saul trösten und beruhigen; konnte sich selbst trösten, konnte Freude und Leid Gott mitteilen).

Entweder Wiederholung der in Klasse 1 gelernten Psalmlieder oder hier erstmalige Einführung der Lieder „Wenn ich fast versinke" und „Sammle meine Tränen" 5.

L: Wie Abraham hat auch David ein langes, ausgefülltes Leben gehabt. Er wurde König, er baute das strahlende Jerusalem, er regierte in Glanz und mit viel Macht. Aber wie das so ist mit einem langen Leben: Es gab auch Gefahren und Rückschläge und sehr, sehr traurige Momente. Dreimal starben Menschen, die er sehr liebte. Wir wollen sehen, wie er aus diesen Traurigkeiten herausgekommen ist …

Gruppenarbeit
Drei Gruppen werden gebildet (darauf achten, dass jeweils ein guter Leser dabei ist); arbeitsteilig bearbeiten die Gruppen die drei Trauerfälle Davids (6,7,8). Aufgabe: Die Dialoge sollen inszeniert werden.

Präsentation der Ergebnisse: Auswertungsgespräch: Wie tröstet sich David?

d. Wie trösten sich Trauernde heute?

Der Unterrichtsausflug auf einen nahe gelegenen Friedhof muss sorgfältig vorbereitet werden. Dabei geht es einerseits um ein Vorverständnis dessen, was die Kinder erwartet, sodann um Absprachen über das Verhalten auf dem Friedhof und schließlich um Beobachtungsaufträge. Die folgenden Vorschläge sind entnommen aus: Witt-Loers, Sterben, Tod und Trauer. Eine Orientierungshilfe mit Kopiervorlagen. Göttingen 2009.

Information
L: Bevor wir nun zum Friedhof gehen, möchte ich mit euch überlegen:

- Was ist ein Friedhof? Warum gibt es Friedhöfe? … (als ein Ort der Erinnerung/der Stille/der Besinnung/der Trauer)
- Wer braucht so einen Ort? (Muss das immer ein Friedhof sein?)
- Wir kennen fast alle jemanden, den wir auf dem Friedhof besuchen: …" (Oma, Opa, Tante, Onkel, Nachbarin, Nachbar, …)

Und es wird immer wieder geschehen, dass wir selbst auch jemanden, den wir gern hatten, dort besuchen werden; das gehört einfach zu unserem Leben …

- Es tut gut, einen Ort zu besuchen, an dem jeder traurig sein darf, ohne dass jemand komisch schaut. An anderen Orten ist das manchmal schwerer, traurig sein zu dürfen …
- Es ist nicht so leicht, Traurigkeit auszuhalten. Das ist schwer: Wenn andere weinen, dazubleiben, den Kummer zu ertragen …
- Dann tut es einfach gut, wenn jemand da ist, der tröstet, der lieb ist zu uns, uns in den Arm nimmt, der uns zuhört …"
- Das sollten wir nie vergessen, wenn wir Menschen in Trauer erleben: Dass auch wir selbst manchmal Menschen sind, die trauern …

Klärung des Verhaltens auf dem Friedhof
L: Der Friedhof ist ein Ort der Erinnerung und Trauer, wir achten und respektieren diesen Ort und machen uns nicht lustig über die, die dort trauern; denn wenn wir selbst in Trauer sind, möchten auch wir in unserer Trauer geachtet werden …

Beobachtungsabsicht und -auftrag
L: Wir werden zusammenbleiben und gemeinsam die Wege entlanggehen. Vor einigen Gräbern bleiben wir stehen. Ich erkläre euch, was auf den Grabsteinen geschrieben steht oder gestaltet ist. Eines der Gräber oder

einen der Grabsteine soll sich jede/r von uns besonders gut einprägen. Davon soll er/sie dann später eine Zeichnung anfertigen. Wir achten besonders auf Worte und Zeichen, die Trost spenden können.

Auswertung und Abschluss
Die Auswertung des Erlebten und Erfahrenen sowie der Ergebnisse der Beobachtungs- und Gestaltungsaufträge braucht Zeit. Die Spannung, die angesichts der nahen Begegnung mit Trauer und Tod entstehen kann, wird gelöst durch ein Angebot zum gemeinsamen Singen und Tanzen eines tröstlichen Abschieds:

Lied: Adé, adieu, mit Gott 9; *dazu den „Pilgerschritt zum Abschiednehmen"*
Aufstellung in der Reihe hintereinander, die rechte Hand auf linker Schulter der Vorgängerin/des Vorgängers. Nun im Tempo der Viertelnote 3 Gehschritte vor (re-li-re), dann auf links zurückwiegen – diese 4 Schritte beständig wiederholen.

In mehreren kleinen Reihen können die Ersten so durch den Raum führen, dass man sich zum Abschiednehmen begegnet und mit der freien Hand zuwinkt. Das sind eher die kleinen Abschiede...

Oder in einer langen Reihe und abschließend durch die Tür hinaus oder durch ein Tor, das z. B. die beiden Ersten der Reihe mit erhobenen Händen bilden: Das könnte für den großen Lebensweg stehen, aber auch das Abschiednehmen weiß um die Wegbegleitung Gottes und um den Einzug (über die Schwelle, durch das Tor) in ein neues Land ...

Betrachtet man die Kinder mit den zum Torbogen gehobenen Händen jedes für sich, so sehen wir wie zum Segen erhobene Hände. Dem korrespondiert der Kanontext mit seiner „segensreichen" Kurzformel: „à dieu = Gott befohlen!"

e. Wie trösten sich Christen?

L bringt eine Bibel mit in den Unterricht; erzählt, dass darin Briefe aufbewahrt sind, die der Apostel Paulus an die ersten Christen geschrieben hat. – „Da geht es um alle Fragen des Lebens, auch um die Angst vor dem Tod und um die Trauer, wenn jemand gestorben ist ... Und nun seht, was Paulus dazu schreibt ..." – Die Sch erhalten (zu viert) gerollte „Briefe" mit folgendem Text:

> Liebe Gemeinde in Rom,
> Fürchtet euch nicht!
> Wenn ihr lebt, ist Gott bei euch.
> Wenn ihr sterbt, ist Gott bei euch.
> Ob ihr lebt oder tot seid –
> Gott ist immer bei euch.

Dazu 10 mit dem Auftrag, ein passendes Bild für den Brief zu suchen und aus Bild und Text eine „Fürchte-dich-nicht"-Karte zu gestalten. Anschließend stellen die Kleingruppen ihre Arbeit vor und begründen die Wahl des Bildes.

Abraham unterm Sternenhimmel

Abraham. Die Nacht von Hebron © Sieger Köder

2 Abraham auf dem Sterbebett

Erzählwerkstatt „Abrahams Ende“

Einstimmung

Abraham wurde sehr alt – langer Bart, wenig Haare – viele Falten – noch immer guter Dinge …

Szene 1

Eines Morgens: Abraham steht nicht auf. Diener bringt Frühstück. Abraham hat keinen Hunger. „Ich bin satt.“ – „Aber, Herr, wer nicht essen will, stirbt.“ Abraham: „Ich bin satt.“ – „Aber, Herr, wie kannst du satt sein nach der langen Nacht?“

Szene 2

Der Diener läuft zu Isaak, Abrahams Sohn (erwachsen!). „Dein Vater will nichts essen. Er ist satt.“ Isaak mit Diener zu Abrahams Zelt. „Vater, wie geht es dir?“ Abraham: „Und wie geht es dir, mein Sohn?“ Isaak lächelt. „Ich bin zufrieden, Vater. Ich habe eine gute Frau gefunden.“ Abraham: „Dann bin ich auch zufrieden, mein Sohn.“ Isaak: „Und warum willst du nichts essen, Vater?“ Abraham: „Ich bin satt, mein Sohn.“ Isaak: „Was hat dich denn so satt gemacht?“ – „Das Leben …“

Szene 3

Abraham bleibt tagelang im Bett, steht nicht auf, isst nicht mehr. Immer sagt er: „Ich bin satt.“ Er denkt viel nach – an Sara, seine Frau (schon lange tot); an den langen Weg, den sie gegangen sind; an Isaak; an seine neue Frau und die gemeinsamen Kinder. Enkel hat er, viele. Herden, so weit das Auge reicht. Abraham lächelt. „Ja, ich bin zufrieden, satt vom Leben, lebenssatt.“

Am dritten Tag macht er die Augen zu. Schläft friedlich ein. Der Diener kommt und bricht in Klagen aus. „Er ist tot! Der Herr ist tot!“

David mit der Harfe

Marc Chagall, David mit der Harfe, 1956, © VG Bild-Kunst, Bonn 2010

Zwei Psalmenlieder

Wenn ich fast versinke

Text und Melodie: Siegfried Macht

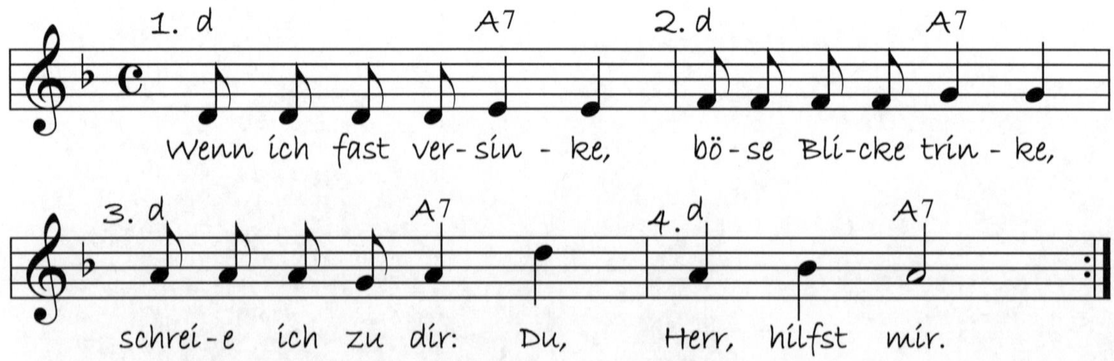

Aus: Siegfried Macht, Haus aus lebendigen Steinen, Strube Verlag München 1999

Sammle meine Tränen

Text und Melodie: Siegfried Macht

Aus: Siegfried Macht, Kleine Leute – große Töne. Mit Kindern singen, spielen, musizieren. Werkbuch mit CD, Strube Verlag München

David verliert seinen besten Freund

Erzähler: Lange Zeit diente David seinem König. Wenn der König tobte und schrie, war David da und spielte für ihn Harfe. Aber später dann musste David sich vor dem König verstecken. In seinem Versteck erfuhr er, dass der König Krieg gegen die Philister führte – der König und auch sein Sohn. Jonatan. Das war Davids bester Freund. David machte sich große Sorgen … Dann, eines Tages:

Joab, einer von Davids Kameraden: David, David! Der König ist tot!

David: Wie ist das geschehen?

Joab: Die Philister haben ihn getötet.

David: Und Jonatan – Jonatan?!

Joab: Der König und sein Sohn haben gekämpft wie die Löwen. Aber die Philister waren in der Überzahl. Der König ist gefallen.

David: Und Jonatan? – Jonatan!

Joab: Sie fielen Seite an Seite. Der König und sein Sohn.

David: Jonatan! Oh, Jonatan!

Joab: Du kannst jetzt König werden, David.

David: Nicht jetzt, nicht jetzt …

Erzähler: Und David nahm seine Harfe und blieb lange allein. Er sang ein Lied über den toten König und über Jonatan. Wie tapfer sie waren. Und wie sehr ihm Jonatan fehlen würde …

David verliert sein neugeborenes Kind

Erzähler: David hatte schon einige Kinder, als seine neue Frau, Batseba, ihm ein Kind gebar. Er freute sich sehr an dem Kind – so wie an allen seinen Kindern. Aber dann wurde das Kind krank. Sterbenskrank. Und David zog sich einen Sack an. Er kämmte sich nicht mehr und rasierte sich nicht mehr. Er wollte nichts mehr essen. Er betete Tag und Nacht.

Diener: Herr, du musst essen. Wenn du auch noch krank wirst – was hilft es dem Kind?

David: Gott, Gott soll helfen! Ich muss es versuchen.

Erzähler: Aber das Kind erholte sich nicht. Schließlich ist es gestorben. Da zog David seinen Sack aus und kleidete sich ordentlich. Er kämmte und rasierte sich und ging an seine Arbeit.

Diener: Herr, dein Kind ist tot. Willst du nicht trauern?

David: Ich habe getrauert und gebetet, als es dem Kind noch helfen konnte. Jetzt ist es vorbei. Jetzt muss ich sehen, wie ich weiterlebe.

David verliert seinen Sohn Absalom

Erzähler: Einmal, als David schon lange König war, verschwor sich sein eigener Sohn gegen ihn. Absalom war sein Name. Absalom wollte gern selbst König werden. Davids Soldaten zogen gegen Absalom und seine Anhänger in den Kampf.

Joab: Wir werden für dich siegen, mein König.

David: Tut, was ihr tun müsst. Aber gebt Acht auf meinen Sohn Absalom.

Joab: Er ist dein Feind, mein König.

David: Er ist mein Sohn. Passt auf, dass er am Leben bleibt.

Erzähler: Angstvoll wartete David auf den Ausgang des Kampfes. Dann kamen seine Soldaten jubelnd zurück. Sie hatten den Kampf gewonnen.

Joab: Mein König, du hast gesiegt!

David: Wo ist Absalom, mein Sohn?

Joab: Mein König, dein Feind ist gefallen.

David: Gefallen? Tot? Mein Sohn???? Absalom, oh Absalom, mein Sohn!

Erzähler: Es gab nach diesem Sieg eine Siegesfeier. Das hatten die Soldaten verdient. Aber David trauerte lange. Leise spielte er Harfe für seinen Sohn Absalom.

Adé, adieu, mit Gott!

Text und Melodie: Siegfried Macht

Leben und Sterben: Gott ist dabei

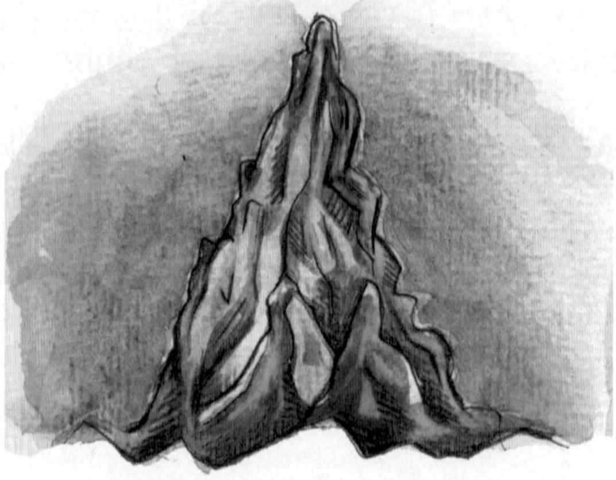

C Zu den Menschen gehen wie Nikolaus

1. Theologische und didaktische Aspekte

Über Nikolaus, den späteren Bischof von Myra (Kleinasien), gibt es kaum gesicherte historische Daten. Das meiste ist legendarische Ausschmückung, die frommer Erbauung dient(e). Als relativ gesichert gilt, dass er um 350 – eventuell am 6. 12. – gestorben ist. Seine Güte und seine Hilfsbereitschaft waren sprichwörtlich. Weit über 100 Legenden gaben dem Staunen und der Dankbarkeit Ausdruck und verdichteten so den Ruhm des volkstümlichen Heiligen im Laufe der Jahrhunderte.

Der Nikolaus-Kult ist im 6. Jahrhundert im Osten, ab dem 9. Jahrhundert im Westen (Rom und Süditalien) nachweisbar und dringt im 11. Jahrhundert auch in den deutschsprachigen Raum vor. Im Spätmittelalter, der Blütezeit des Nikolaus-Kultes, wird der Bischof aus Myra zum Schutzpatron zahlreicher Kirchen, Kapellen und Klöster (allein in Europa sind es ca. 3000) und vieler Stände und Zünfte (u. a. der Schüler, Seefahrer, Kaufleute, Bäcker, Juristen – aber auch der Diebe).

Der Verehrung als Kinderfreund liegt möglicherweise die Legende zugrunde, dass Nikolaus die drei Töchter eines armen Mannes heimlich mit Goldkugeln beschenkte, so dass sie ehrenhaft heiraten konnten. – Auch die Legende „Von den drei Säcken" weist in diese Richtung:

Ein Witwer lebte mit seinen Kindern in großer Armut. Eines Morgens stand ein Sack vor der Tür. Er enthielt Mehl und Brot. Am nächsten Morgen fanden die Kinder wieder einen Sack: Er enthielt wärmende Kleidung für alle. In der dritten Nacht konnte der Vater den unbekannten Wohltäter stellen und sich bei ihm bedanken: Es war Nikolaus. Nach Hause zurückgekehrt, fand er einen weiteren Sack vor. Er war bis oben hin mit Schuhen angefüllt. Als die Kinder, die bis dahin immer barfuß laufen mussten, die Schuhe anziehen wollten, stellten sie fest, dass die Schuhe mit Spielzeug angefüllt waren; nie zuvor hatten sie eigenes Spielzeug besessen …

Unklar ist, ab wann dem Vorboten der Weihnachtsfreude, der Kinder mit Nüssen, Äpfeln und (später) mit Süßigkeiten beschenkt, eine Gestalt zugesellt wird, die im Kontrast zur gütigen Figur des schenkenden Bischofs steht. Möglicherweise sind in der Figur des „Knecht Ruprecht" (und anderer landschaftsspezifischer Typen) noch Erinnerungsreste an germanische Kultbräuche aufbewahrt.

Jahreszeitlicher Anknüpfungspunkt ist der Nikolaustag; daran anschließend die kritische Frage, was Süßigkeiten Kindern bei uns/Kindern früher/Kindern in Armut bedeuten.

Es gibt kein Lebensbild des Nikolaus; wohl aber kann aus den Legenden und den Bräuchen gemeinsam mit den Kindern Folgendes herausgeschält werden: Zum einen, dass der historische Nikolaus wohl Anlass gegeben haben muss, diese und keine anderen Legenden über ihn zu erzählen. Zum anderen, dass das, was die Legenden vom Nikolaus erzählen, menschlich und christlich ist.

Den Kindern zeigt sich Nikolaus als einer, der aus der Kirche hinaus zu den Menschen ging.

Zwei Legenden erzählen
Hier geht es nicht ums biblische Erzählen. Aber auch die beiden Legenden um Nikolaus von Myra werden als Werkstatt angeboten. Fertige Vorlagen erwecken schnell den Anschein eines Tatsachenberichts und wirken überdies leicht museal und übermoralisch. Erzählen Sie lieber so, dass Nikolaus menschlich bleibt und dass deutlich wird: Sie erzählen weiter, was viele Menschen vor Ihnen immer wieder weitererzählt und ausgeschmückt und zugespitzt haben. Sie können, insbesondere bei der ersten Legende, Figuren zur Hilfe nehmen: drei Kinder, der Vater, Nikolaus.

2. Kompetenzen und Ziele

Die Schülerinnen und Schüler …
- können vom Nikolaustag erzählen (Sach- und religiöse Kompetenz)
- können Legenden vom Nikolaus erzählen (Sach- und kommunikative Kompetenz)
- können von den Legenden auf einen wahren Kern schließen (Urteilskompetenz)
- können die Legenden von Martin (1. Schuljahr) und Nikolaus vergleichen und christliche Handlungsmuster daraus ableiten: teilen, abgeben, helfen, zu den Menschen gehen, achten auf die Not des anderen … (Transfer, religiöse Deutekompetenz)

3. Unterrichtsschritte

a. St. Niklaus war ein guter Mann …

L bringt einen Nikolausstiefel und einen Nikolausteller (leer) mit in den Unterricht. Die Sch äußern sich dazu. Sie erzählen, ob und bei welcher Gelegenheit sie schon einmal eines von diesen beiden Dingen erhalten haben.

„Nikolaustag“: Die Sch tragen vorhandenes Vorwissen zusammen und stellen Vermutungen darüber an, warum der Nikolaustag gefeiert wird.

Sch nennen ihnen bekannte Nikolaus-Lieder/-Gedichte; tragen vor bzw. singen sie.

L zeigt Abbildungen des Nikolaus (z. B. vom → Download). Wie sieht der Nikolaus aus? Von L: Hinweis auf sein Bischofsamt, auf Stab, Gewand und Mitra. Das Gespräch mündet in Einzelarbeit am Arbeitsblatt 1.

Wenn in der Klasse Computer/Internet vorhanden sind – weiter z. B. mit www.bischof-nikolaus.de; dort gibt es außer der Seite zum Äußeren des Nikolaus auch Legenden und Geschichten, Historisches und Malvorlagen sowie die Frage der 8-jährigen Virginia nach der „Echtheit“ des Nikolaus (sonst 2).

b. Ein Stiefel voller Gaben

Anknüpfung mit dem Bild vom golden gekleideten Bischof Nikolaus und mitgebrachten Schokoladen-Nikoläusen (einige verschiedene von L und/oder Sch): „Die Bilder, die wir uns vom Nikolaus machen, sind verschieden. Wir wissen nichts Genaues darüber, wie er ausgesehen hat. Wir wissen nichts Genaues darüber, was er getan hat. Aber: Es gibt viele Legenden vom Nikolaus, also märchenhafte Erzählungen mit einem wahren Kern …“

L erzählt mit 3 von den Schuhen, die sich mit Spielzeug füllten …

Erarbeiten des Liedes 4 und einer begleitenden Pantomime: Die Sch bilden einen großen Kreis; fünf Sch haben Sonderaufgaben: Außerhalb des Kreises steht der „Nikolaus“, neben ihm vier Säcke, je einer mit Brot, mit Kleidung, mit Schuhen und Nüssen (o. Ä.), der vierte mit kleinen Schoko-Gaben zum Verteilen. Im Kreis kauern der Witwer und seine drei Kinder am Boden. Entsprechend dem Text der gesungenen Strophen bringt der Nikolaus Sack für Sack in den Kreis. Die „Familie“ packt aus, jubelt, dankt ... Mit dem vierten Sack geht der Nikolaus am Ende von Kind zu Kind und verteilt seine Gaben im Kreis.

Nachgespräch über das, was die Sch in ihren Schuhen finden; über das, was damals die Kinder gefunden haben sollen. „Was ist anders?“

Die Sch erhalten eine Kopie der Nikolausstiefel-Vorlage 5 und malen hinein, was sie einem armen Kind schenken würden ...

c. Was ist wichtiger: Die Schätze der Kirche oder die Freiheit der Kinder?

L erzählt die Geschichte vom Korn und den Piraten 6. Die Sch wiederholen die wichtigsten Szenen, sodass eine Sequenz entsteht. Diese wird in (gleich großen) Einzelbildern gezeichnet. Die einzelnen Zeichnungen werden zu einem „Filmstreifen“ zusammengeklebt und mit einem Kurbelkino 7 gezeigt.

L erinnert an die Geschichte „Jesus segnet die Kinder“: Was ist ähnlich?

L erinnert an die Legende von Martin und dem Mantel: Was ist für Jesus, was ist für Martin und für Nikolaus „typisch“? Und wer hat das von wem gelernt?

Welchen wahren Kern finden wir in den Legenden um Nikolaus (und um Martin)?

d. Nikolausaktion

L schlägt vor, Nikolausgeschenke vorzubereiten: Wem möchten die Sch Freude bereiten und wie? Dabei soll es nicht um Materielles gehen, sondern lieber um ... (Ideensammlung vom Gutschein über „Staubwischen im Wohnzimmer“, „Zimmer aufräumen“, „mit der kleinen Schwester spielen“ bis zum selbst gestalteten Weihnachtsgruß.)

Aus je zwei Filzstiefelhälften (Vorlage 4) werden Nikolausstiefel zusammengeklebt oder getackert (nur am äußersten Rand), in die die Gutscheine bzw. Grußkarten zum Verschenken gesteckt werden.

Wie sieht der Nikolaus aus?

Auf der „Nikolaus"-Homepage im Internet (www.bischof-nikolaus.de) steht viel Interessantes über ihn. U.a. wird auch sein Aussehen beschrieben.

- Ist er groß oder ist er klein?
- Hat er einen roten Mantel an und trägt eine rote Mütze mit weißem Pelz?
- Trägt er ein Bischofsgewand?
- Vielleicht in Rot, Grün oder Violett?
- Oder hat er eine weite rote Hose und eine rote Jacke an?

© Karl-Michael Soemer

⇑
Hier kannst du dein Bild vom Nikolaus aufzeichnen.

„Gibt es dich wirklich, Nikolaus?"

Vor über 100 Jahren, zum Weihnachtsfest, schrieb die kleine Virginia O'Handon aus New York folgenden Brief an eine amerikanische Tageszeitung: „Ich bin 8 Jahre alt, einige von meinen Freunden sagen: Es gibt keinen Weihnachtsmann. Papa sagt, was in der Zeitung steht, ist immer wahr. Bitte sagen Sie mir, gibt es einen Weihnachtsmann?"

Diese Frage rührte den Chefredakteur und er antwortete auf der Titel-Seite seiner Zeitung: „Der Weihnachtsmann lebt und ewig wird er leben, sogar in 10 mal 10.000 Jahren wird er da sein, um Kinder wie dich mit Freude zu erfüllen, Frohe Weihnacht, Virginia!"

Damit wäre das geklärt – zumindest für die Vereinigten Staaten von Amerika. Aber wie ist das in Europa, genauer: in Deutschland?

Nikolaus, Christkind – wo bleibt bei uns der Weihnachtsmann?

Der Nikolaus, wie wir ihn heute kennen, ist entstanden aus zwei verschiedenen Figuren, zwei Bischöfen aus Kleinasien: Bischof Nikolaus von Myra und Bischof Nikolaus von Sion.

Der Nikolaus von Myra soll im 3. Jahrhundert gelebt haben, seine Legenden tauchen ab dem 5. Jahrhundert auf, erreichen im 8. Jahrhundert das westliche Europa und sind seit dieser Zeit auch hier bei uns zu Hause.

Der Nikolaustag ist der 6. Dezember. Und genau an diesem Tag wurden früher auch die Kinder beschert – bis Martin Luther die Heiligen kurzerhand abschaffte. Da das Fest des Nikolaus aber mit Kinderbeschenken verbunden war und man es deshalb nicht einfach ersatzlos verschwinden lassen konnte, hat Luther das Schenken von Nikolaus losgelöst und auf Weihnachten verlegt.

Dafür brauchte er eine neue Geschenkfigur, und da das der Nikolaus nicht mehr sein durfte, hat er eine neue Figur eingeführt, nämlich das sogenannte Christkind. Für dieses Christkind gilt genau das Gleiche wie für Nikolaus: Es taucht eigentlich selbst nicht auf, man hat nur von ihm gehört …

Die Geschichte von den Schuhen, die sich füllten

Einstimmung
Vor vielen hundert Jahren – in Myra – in der heutigen Türkei: ein armer Witwer, drei Kinder. Arm: kein Essen, keine Kleider, keine Schuhe. Erst recht nicht Süßigkeiten oder Spielsachen.

Szene 1
Eines Morgens: Das älteste Kind findet einen Sack bei der Haustür. Sack wird hereingetragen. Betrachtet. Schließlich geöffnet: Brot, Äpfel, Nüsse.

Szene 2
Am nächsten Morgen: Mittleres Kind findet einen Sack bei der Haustür. Sack wird rasch hereingetragen, bestaunt. Andächtig geöffnet. Kleider, Hemden und Hosen.

Szene 3
Am dritten Morgen: Jüngstes Kind findet einen Sack bei der Haustür. Schaut sich um. Entdeckt einen Mann, der um die Hausecke huscht: Das ist der Nachbar Nikolaus! Inzwischen haben die Kinder den dritten Sack geöffnet. Finden Schuhe. Als sie sie anprobieren wollen, stellen sie fest: Sie sind mit Süßigkeiten und Spielzeug gefüllt …

4 Voll Freude ist das ganze Haus

Text: Rolf Krenzer; Melodie: Detlev Jöcker, © Menschenkinder Verlag, Münster

2. Was ist heut Nacht geschehn?
   Was ist heut Nacht geschehn?
   Seht ihr den Sack dort an der Tür?
   Wenn ihr ihn öffnet, findet ihr
   das allerbeste Brot.
   Vorbei ist eure Not!

Refrain

Voll Freude ist das ganze Haus.
Wir packen froh die Sachen aus
und können nicht verstehn,
was heute Nacht geschehn.

3. Was ist heut Nacht geschehn?
   Was ist heut Nacht geschehn?
   Ein zweiter Sack: Für jedes Kind
   die Kleider, die so nötig sind.
   Wir ziehen sie gleich an
   und freuen uns daran.

Refrain

Voll Freude ist das ganze Haus.
Wir packen froh die Sachen aus
und können nicht verstehn,
was heute Nacht geschehn.

4. Was ist heut Nacht geschehn?
Was ist heut Nacht geschehn?
Ein dritter Sack! Jetzt greift nur zu!
Für jeden gibt es warme Schuh'.
Und habt ihr schon entdeckt,
was in dem Sack versteckt?

Refrain

Voll Freude ist das ganze Haus.
Packt Äpfel, Plätzchen, Nüsse aus!
Könnt ihr's auch nicht verstehn,
was heute Nacht geschehn.

5. Wer teilt das alles aus?
Der Vater läuft hinaus
und trifft nicht weit von unserm Haus
den guten Bischof Nikolaus.
Der winkt ihm freundlich zu.
und fort ist er im Nu.

Refrain

Voll Freude ist das ganze Haus.
Hab Dank, du guter Nikolaus!
Jetzt können wir verstehn,
was heute Nacht geschehn.

6. Sag, willst du mit mir gehn?
Dann kannst du's selber sehn:
Ich geh wie einst der Nikolaus
von Tür zu Tür, von Haus zu Haus
Und teile Gaben aus
Grad wie der Nikolaus.

Refrain

Noch immer geht der Nikolaus
mit seinem Sack von Haus zu Haus.
Und klingelt's an der Tür,
dann kommt er auch zu dir.

Vorlage Nikolausstiefel

Die Geschichte vom Korn und den Piraten

Einstimmung
Hungersnot in Myra. Besonders die Kinder hungern. Die Einwohner warten auf Kornschiffe. Gehen täglich zum Hafen und halten Ausschau.

1. Szene
Drei hungrige Kinder, Geschwister, auf dem Rückweg vom Hafen. Enttäuschung. Wieder nichts. Zwei Männer bleiben stehen, der eine in Stiefeln und Schiffermantel, der andere in Knechtskleidern, trägt einen Korb. Fragt: Warum klagt ihr?

Die Männer haben Hunger, die Kinder auch. Der mit dem Schiffermantel fragt den Knecht, ob denn noch Essen zum Verteilen im Korb sei. Der Knecht sagt, es gebe nur noch etwas Brot und Fisch. „Das ist für dich, Herr. Du kannst nicht alles weggeben." Der Mann willigt ein, nimmt die Lebensmittel und schickt den Knecht fort.

2. Szene
Der Mann hat das Brot und den Fisch mit den Kindern geteilt. Später erzählen sie zu Hause von diesem Erlebnis und rätseln, wer der Mann wohl war. „Das war der Bischof Nikolaus", sagt der Vater. „Der geht überall umher und verteilt das Letzte, was er noch auftreiben kann."

3. Szene
Die Kinder gehen wieder zum Hafen. Ein Schiff taucht auf. Das Kornschiff? – Es ist ein Piratenschiff! Die Piraten haben das Kornschiff gekapert und verlangen Lösegeld. Aber Myra hat kein Geld mehr, kein Gold, kein Silber – nichts. Der Piratenkapitän sieht überall Kinder. „Dann gebt mir eure Kinder. Ich will sie verkaufen und zu Geld machen."

4. Szene
Alle Eltern sagen Nein. Aber ein paar Leute von Myra fangen doch an, Kinder einzufangen und den Piraten auszuliefern. Auch die drei Geschwister werden gefangen. Da kommt der Bischof Nikolaus zum Hafen gerannt. „Halt! Wir zahlen das Lösegeld!" Er trägt den Kirchenschatz auf seinen Armen. Er hat die ganze Kirche leergeräumt!

Kurbelkino (Bauanleitung)

Man braucht:
Einen dicken Karton von 140x180 cm, ein Teppichmesser, zwei Rundholzstäbe von 1 cm Durchmesser und 40 cm Länge, zwei Rundholzstäbe von 1,5 bis 2,0 cm Durchmesser und 40 cm Länge, Sperrholzbrett 1 (0,5 x 20 x 60 cm) und Sperrholzbrett 2 (0,5 x 20 x 80 cm), Bohrer, Holzleim, Energiesparlampe an einer Schnur mit Schalter.
Alternativ kann das Kurbelkino auch aus Sperrholz hergestellt werden.

Und so geht's:
In den Karton werden zwei Schlitze oben und ein Fenster von ca. 28 x 38 cm in der oberen Hälfte eingeschnitten. Die Linien, an denen der Karton nach hinten geknickt wird, werden mit dem Teppichmesser vorsichtig angeritzt.

Die Rolle mit den Zeichnungen wird von Stab B rechts ab- und auf den Stab B links aufgerollt. Um die Zeichnungen so nah wie möglich am Fenster vorbei zu bewegen, läuft die Rolle noch vor den beiden Stäben „A" vorbei. Die vier Stäbe stehen auf einem Brett („Brett 2") und bewegen sich in vier Löchern, die in das kleinere „Brett 1" gebohrt sind (s. Abb. 1).

Erst die Löcher in Brett 1 bohren und dann mit Holzleim mittig auf Brett 2 kleben – rechts und links bleiben also jeweils 10cm stehen. Diese Ränder werden später durch die Seitenwände der Kiste gesteckt, wodurch die ganze Konstruktion ihre Stabilität bekommt.

Die schmalen Schlitze in die Seitenwände schneiden und vier Löcher in die Decke der Kiste bohren für die vier Stäbe. In die hintere Seite der oberen Abdeckung einen Schlitz für die Lampenschnur schneiden. Hier kann die Energiesparlampe eingeschoben werden (s. Abb. 2).

Wer möchte, kann das Kurbel-Kino noch verzieren. Nun müssen nur noch die Bilder zu den Geschichten auf DIN A3 kopiert oder gemalt und aneinandergeklebt werden.

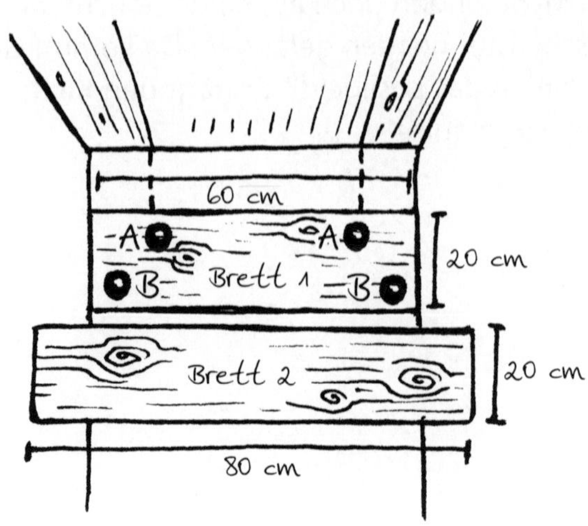

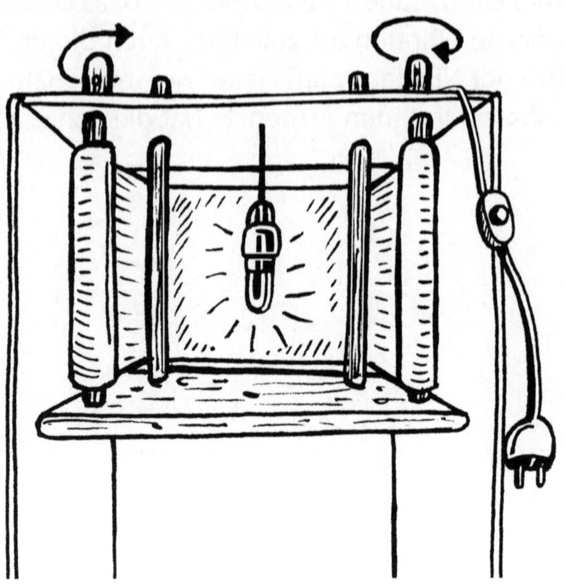

2 Gott

D. Der verlorene Sohn: Weggehen und Wiederkommen
E. Josef und seine Brüder: Sich hassen, sich lieben

D Der verlorene Sohn: Weggehen und wiederkommen

1. Theologische und didaktische Aspekte

Die Parabel vom verlorenen Sohn („Vom gütigen Vater“; „Von den zwei Söhnen“ o. ä.) schließt in Lukas 15 an die Gleichnisse „Vom verlorenen Schaf“ und „Von der verlorenen Drachme“ an. Mit dieser Trilogie unter der Gesamtthematik „Freude über die Auffindung des Verlorenen“ legitimiert Jesus nach lukanischem Verständnis die (Tisch-) Gemeinschaft mit „Zöllnern und Sündern“ (V. 1–3) gegenüber seinen murrenden Kritikern.

Die Erzählung gliedert sich (nach der Exposition V. 11) in zwei Teile: a) V. 12–24 und b) V. 25–32.

Zu a): Der jüngere von zwei Söhnen eines wohlhabenden Bauern erbittet den ihm nach jüdischem Recht zustehenden Vermögensanteil. Eine Motivation hierfür wird nicht genannt. In der Auslegung ist die Frage der Bewertung des Erbteilungswunsches umstritten: Einige Ausleger sehen in solchem Vorgang (vor dem Tod des Erblassers) nichts Ungewöhnliches, andere werten das Verlangen nach uneingeschränktem Besitz- und Verfügungsrecht als ein Verhalten, das den Vater gleichsam zu Lebzeiten schon für tot erklärt.

Der Vater lässt den Jüngeren mit seinem Vermögensanteil ohne weitere Einwände oder Ermahnungen in die Fremde ziehen. Dort vergeudet der Sohn sein Vermögen; offenbar lebt er angenehm, ohne sich eine Erwerbsquelle zu suchen. Die meisten Ausleger erkennen in diesem verantwortungslosen Leben die eigentliche Schuld des Sohnes (vgl. V. 19).

Dem wirtschaftlichen Abstieg – das Geld ist alle und eine Hungersnot überfällt das Gastland – folgt der religiöse Niedergang: Die Not zwingt ihn zu erniedrigender, kultisch unrein machender Arbeit im Dienst eines fremden Herrn. Doch auch diese Extrem- und Ausnahmesituation stillt seinen Hunger nicht – er beneidet die Schweine um ihr Futter und stiehlt es ihnen!

Am Rande der Existenz angekommen – sich selbst und anderen ein Fremder – „geht er in sich“, d. h. er bedenkt seine Situation ohne Illusionen – akzeptiert die Eigenverantwortlichkeit für seine Lage und fasst den Entschluss zur „Umkehr“: Er will dem Vater seine Schuld eingestehen und sich ihm als Tagelöhner anbieten.

Die sorgsam überlegte Dramaturgie für die Begegnung mit dem Vater wird durch dessen ungewöhnliches Verhalten überholt: Der Vater läuft ihm entgegen (und setzt damit seine Würde aufs Spiel), fällt ihm um den Hals und küsst ihn (der Kuss ist Zeichen der Vergebung; er gilt dem Gleichstehenden). Das Festgewand, das der Vater holen lässt, ist ganz besonderen Gästen vorbehalten, mit dem Ring wird dem Heimgekehrten Vollmacht übertragen, mit den Schuhen ihm – im Gegensatz zu den barfüßigen Sklaven – die Würde des Freien zuerkannt. Für den, der auszog, um das Leben zu finden (und es verlor), wird das Fest des Lebens inszeniert.

Alle hier zusammengefügten Symbole dienen der Verdeutlichung des einen Gedankens: An die Stelle des verwirkten natürlichen Kind-Status tritt eine neue Art der Sohnschaft – eine förmliche Adoption. Der Heimgekehrte gewinnt einen neuen Platz im Vaterhaus, den er nicht dem Recht (das hat er „verraten und verkauft"!), sondern allein der Gnade des Vaters verdankt.

Zu b): Der zweite Teil der Parabel wendet den Blick auf den älteren Sohn. Er kehrt von der Feldarbeit zurück, als das Festmahl bereits beendet ist und der sich anschließende stampfende Tanz der Männer zur Musik begonnen hat. Als er vom Anlass des Festes erfährt, weigert er sich, das väterliche Haus zu betreten, um an der Festfreude Anteil zu haben.

So wie der Vater dem heimkehrenden jüngeren Sohn entgegenkam, so geht er auch jetzt zu dem älteren Sohn hinaus, um ihn hereinzubitten und zur Mitfreude einzuladen. Dem Werben des Vaters begegnet der Eingeladene mit bitteren Vorwürfen. Der ältere Sohn, so wird deutlich, hat stets seine Pflichten erfüllt und erwartet dafür Lohn und Bevorzugung – eine deutliche Anspielung auf das religiöse Selbstverständnis der Pharisäer als eigentlicher Adressaten dieser Parabel.

Der Hörer/Leser erfährt nicht, ob sich der Ältere doch noch hat umstimmen lassen; das Ende bleibt offen, die Einladung zur Mitfreude bleibt bestehen.

Bringt Jesus im ersten Teil der Parabel seine Sendung, sein Evangelium und sein besonderes Gottesbild des überschwänglich liebenden Vaters zum Ausdruck, so hält er im zweiten Teil seinen Kritikern einen Spiegel vor. In der Geschwisterlichkeit mit den umkehrenden „Sündern" findet die Zugehörigkeit zu Gottes Reich ihr neues Maß.

Biblisch erzählen

Der Weg des jüngeren Sohnes – vom Vater zum Vater – sollte klar und einfach, sachlich und nüchtern erzählt werden. Dass er aufbricht, ist wertfrei zu sehen: Aufbrechen ist nicht „schlecht" (auch wenn es den Zurückbleibenden wehtun mag); aber was der Junge dann daraus macht, ist unreif. Das werden die Kinder entdecken.

Die Position des älteren Sohns ist zunächst ebenso wertfrei zu sehen: Dass er bleibt und arbeitet, ist sicherlich zunächst lobenswert. Dass er daraus Ansprüche ableitet, verdirbt jedoch ihm (und dem Vater) die Freude; er kann weder das Fest noch die überschwängliche Liebe des Vaters genießen, solange er auf „Abrechnung" beharrt.

Im Mittelpunkt stehen die Freude und die Liebe des Vaters. Hier wird, so scheint es, schamlos übertrieben: Welcher „normale" Vater lässt den Jungen ohne Mahnungen und Einschränkungen ziehen? Welcher Junge, der sein Glück sucht, scheitert so komplett und kommt mit so leeren Händen und so geringen Ansprüchen zurück? Und welcher Vater kommt ihm dann so entgegen – ohne Frage, ohne Anspruch, ohne Einschränkung? Das, so wird die Erzählung zeigen, ist „typisch Gott".

Im Unterricht wird der Lukas-Text zunächst in einzelnen Abschnitten entfaltet, die in Szenen (z. B. mit Knetgummi, mit „Playmobil", mit „Winzlingen") nachgestellt werden. Diese Gestaltungen (auch EGLI-Figuren sind möglich) erlauben eine mobile Szenerie und laden zu Identifikationen ein.

Der zweite Teil der Parabel wird schwerpunktmäßig noch einmal in einer veränderten didaktischen Situation aufgegriffen: Das Wiedersehensfest ist als offene Einladung gestaltet, die allen Raum bietet.

In der Deutung sollte ein enger Anschluss an das gesucht werden, was die Sch über Gott schon wissen: Dass Jesus den Zöllner Zachäus vom Baum holt, dass er die Kinder zu sich kommen lässt, dass Gott wie ein guter Hirte ist, der das Verlorene sucht …

2. Kompetenzen und Ziele

Die Schülerinnen und Schüler …
- kennen zwei zentrale Gottesbilder des jüdischen und christlichen Glaubens: aus dem 1. Schuljahr das des guten Hirten und aus dem 2. Schuljahr das des guten Vaters (religiöse (Sach-)Kompetenz)
- können das Gleichnis vom Verlorenen Sohn nacherzählen und nachspielen (Sach- und Sprachkompetenz; Transfer)
- können die Positionen des jüngeren und des älteren Bruders nachvollziehen und beschreiben (soziale und kommunikative Kompetenz)

3. Unterrichtsschritte

a. Der jüngere Sohn

Die Sch bilden Tischgruppen und erhalten je eine große Grundplatte (Tonpappe) für ihre Inszenierung. Sie stellen (bzw. formen mit Knetgummi) die Ausgangsszene: Haus, Hof, Weg. Sie brauchen drei Personen: Vater, zwei Söhne.

L erzählt die Geschichte in Abschnitten 1; zunächst die Einführung und Szene 1. Die Sch gestalten die erste Szene. Auf ein Schild wird der Titel der Szene gemalt; dann werden die Arbeiten fotografiert.

Für die zweite Szene wird umgebaut: Mehrere Häuser, mehrere Personen, Tisch, Stühle, vielleicht Weinfässer? Ess- und Trinkgeschirr?

L erzählt die zweite Szene. Sch gestalten: Der jüngere Sohn verbraucht seinen Reichtum.

Entsprechend die dritte Szene – Der jüngere Sohn bei den Schweinen – und die vierte Szene – Die Umkehr. Für dieses letzte Bild bekommen die Sch viel Zeit zur Gestaltung. Aufgabe: Freude gestalten!

b. Der ältere Sohn

L bittet die Sch, eine weitere Szene zu entwerfen – das Fest, das der Vater für seinen heimgekehrten Sohn gibt, ist in vollem Gang. Da kommt der ältere Sohn von der Arbeit …

Wenn die Szenen fertig sind, findet eine Begehung statt: Die Klasse zieht von Tisch zu Tisch, besichtigt die Szenen; jeweils die Gruppe, deren Szene besichtigt wird, sagt in direkter Rede, was der Sohn denkt, fühlt, empfindet.

L erzählt den Schluss: Die Einladung zum Fest gilt allen …

c. Jesus

Wiederholung der Geschichte anhand der Szenenfotos.

L: Jesus hat diese Geschichte erzählt, als Menschen ihn fragten: Warum gibst du dich mit den Kindern ab? Warum gibst du dich mit den Zöllnern ab? Warum bleibst du nicht, wo du hingehörst – bei den Frommen und Guten?

Gespräch über Gott und Jesus; über Gott, der das Verlorene sucht, über Jesus, der Zachäus vom Baum holt; über Gott, der wie ein guter Hirte ist.

L zeigt Bilder von der Umarmung (Einstiegsblatt des Kapitels, S. 53): Gott ist wie ein guter Vater.

d. Wir feiern Gottes Güte

Dazu passt ein Freudenlied, das ursprünglich die Freude des Zachäus ausdrückt. Die Sch „dichten“ es – unter Anleitung – um zu einem Freudenlied für Vater und Sohn. Im Einzelnen:

Zuerst wiederholen wir die Zachäusgeschichte durch ein Lied 2 mit Bewegungsspiel 3:

Die Kinder stehen paarweise beieinander: Das linke fasst das rechte mit der rechten

Hand hinter dem Rücken an der rechten Hüfte. Das rechte legt dem linken die linke Hand auf die rechte Schulter.

Diese zwei Kinder stehen für die beiden „Hälften" eines zerrissenen Menschen, wie Zachäus es war: Das linke Kind stützt die linke Hand in der Hüfte ab – das ist der Zöllner, der den Bogen raus hat in der Ellbogengesellschaft. – Das rechte Kind lässt den rechten Arm locker herabhängen – es spielt die sanfte, suchende Seite, die vom Leben mehr erhofft als erschlichenen Reichtum und die traurig ist, dass niemand auf Besuch vorbei kommt, bis eines Tages …

L: Von genau so einem Fest erzählt Jesus auch am Ende des Gleichnisses vom „Verlorenen Sohn" – wie könnte da ein passender Liedtext lauten (siehe 4 mit Lückentext)?

Das Gleichnis von den zwei Söhnen

Rahmen

Ein Vater, zwei Söhne. Wachsen heran und helfen dem Vater (Korn, Vieh …)

Szene 1: Der jüngere Sohn bricht auf
Der jüngere Sohn: „Vater, ich will fort. Gib mir meinen Erbteil."
Vater: „Hier – nimm, was dein ist. Geh mit Gott."

Szene 2: Der jüngere Sohn lässt es sich gut gehen
Der jüngere Sohn wandert in die Ferne. In eine große Stadt. Wohnt im Gasthof, isst im Gasthof, lädt andere ein mit ihm zu essen. Hat Spaß, hat Freunde. Arbeiten? Wozu? „Ich habe ja Geld", sagt der Sohn.

Szene 3: Der jüngere Sohn kehrt um
Das Geld ist alle. Eine Hungersnot bricht aus. – Arbeit? Gibt's nicht. Es sei denn: Schweine hüten. – Der jüngere Sohn hütet Schweine. Ist so hungrig, dass er am liebsten das Schweinefutter essen würde. Aber das darf er nicht.

Entschließt sich, nach Hause zu gehen. Nicht als Sohn, als Lohnarbeiter. Will dem Vater sagen: „Ich war dumm …"

Szene 4: Der Vater empfängt den jüngeren Sohn wie einen lieben Gast
Vater sieht den Sohn von Weitem. Rennt, schließt ihn in die Arme. Küsst ihn. „Du warst wie tot! Nun bist du wieder lebendig!" Gibt ihm Kleidung, Ring, ein Fest. So feiert man die Adoption eines Kindes!

Szene 5: Der ältere Sohn ist auch eingeladen
Der ältere Sohn kommt von der Arbeit; hört die Musik. Ein Fest zu Ehren des „Verlorenen, der wiedergefunden wurde"; er ist zornig. Warum er, warum nicht ich?
Der Vater kommt zu ihm: „Komm herein! Freue dich mit mir! Feiere mit uns!"

Im Gedränge, in der Menge – das Lied

Text: Siegfried Macht, Melodie: Dänischer Tanz

Im Gedränge, in der Menge – das Bewegungsspiel

Takt	Bewegung	Symbolik
A-Teil		
0	(2 Auftaktnoten abwarten)	
1–4	Mit zügigen Schritten laufen die Kinderpaare aufeinander zu und fangen sich durch Einhaken der linken Arme: So stehen je 4 Kinder beieinander – die Blickrichtung der Paare bleibt dabei noch entgegengesetzt. Wenn ein Paar übrig bleibt, wartet es bis zum B-Teil, den es wieder mitmacht.	Ellbogen-Zachäus nimmt beim Zoll die Leute aus. Einem übrig gebliebenen Paar geht es wie Zachäus: Er blieb immer allein …
5–8	Die beiden inneren, eingehakten Kinder lösen die eingehakte Fassung und fassen sich links Hand in Hand – die Viererreihe zieht sich dabei etwas auseinander. Nun heben die beiden inneren ihre gefassten linken Hände zum Torbogen und die äußeren Kinder gehen (ohne ihre Fassung zu lösen) drunter durch. Die Torbogen-Kinder senken nun die Hände und die ehemals äußeren wenden sich zueinander und reichen sich die freien Hände.	… bis eines Tages die Leute reihenweise an der Straße stehen und jemand Besonderes erwarten … … und der geht ausgerechnet den Zachäus besuchen. Der macht hinter dem begehrten Gast und seinen Jüngern schnell die Tür zu.
Wdhlg. 1–4	Jede Vierergruppe tanzt mit über Kreuz gefassten Händen im Uhrzeigersinn: Oberkörper etwas zurücklegen und mit schnellen Seitstellschritten wie ein Karussell drehen …	Dann wird kräftig gefeiert!
Wdhlg. 5–8	Richtungsänderung: Nun gegen den Uhrzeigersinn	
B-Teil		
1–8 und Wdhlg.	Jedes ehemals linke Kind fasst das rechts neben ihm stehende usw. – aber unbedingt beachten, dass alle durch die Kreuzfassung jetzt einen neuen Partner haben! Alle gehen (den neuen Partner auf der richtigen Seite behaltend) in einen großen Kreis und tanzen (Walzer bzw. etwas einfacher:) rechts vor, links auf der Stelle, rechts auf der Stelle; links zurück, rechts auf der Stelle, links auf der Stelle,	Diese Freude hat unseren Zachäus verändert.

Textwerkstatt „Verlorener Sohn"

Auf die Melodie vom Zachäus-Spiel-Lied lässt sich auch der „verlorene Sohn" singen – kannst du die Lücken ausfüllen?

A-Teil

Sag, was meinst du wohl/was einem ________ passiert

der all sein ________ verliert/und sich auch sonst ________?

Der es verprasst, ____________/bei dem auch sonst nichts l________

sag, was erwartet den zum ________ zu ________?

(A-Teil wiederholen)

B-Teil

Da ________ ihm wer entgegen.../kann das ________ sein,

____________/____________

____________/____________

(B-Teil wiederholen)

Setze die folgenden Worte in die Lücken ein:

Geld, Haus, Schluss, Sohn, blamiert, läuft, versäuft

Die Schlusszeilen kannst du komplett beim Zachäuslied abschreiben!

E Josef und seine Brüder: Sich hassen, sich lieben

1. Theologische und didaktische Aspekte

Die Josefsgeschichte (Gen 37–50) gehört zu den „Erzelterngeschichten" (Gen 12–50), die sie – nach dem Abrahamszyklus (12–25) und der Jakob-Esau-Tradition (25–36) – abschließt. Jakobs zwölf Söhne verkörpern als Stammväter der zwölf Stämme die Volkwerdung Israels; die Auswanderung nach Ägypten schafft die Ausgangslage für das im zweiten Buch der Bibel erzählte Exodusgeschehen.

In Form eines kleinen Romans, einer Novelle, die aus mindestens zwei älteren Erzählsträngen zusammenkomponiert wurde, wird eine in sich geschlossene und plausible Handlung entfaltet:

Ein junger Mann wird im Zusammenhang eines Familienkonflikts um Bevorzugung, Angeberei und Neid von seinen Brüdern als Sklave nach Ägypten verkauft. Unverschuldet sitzt er dort mehrere Jahre im Gefängnis, steigt dann aber wunderbarerweise – vor allem dank seiner Fähigkeit, Träume zu deuten, – am Hofe des Pharao zu dessen Stellvertreter auf. Indem er die Träume des Pharao als Hinweis auf bevorstehende Überfluss- und Mangeljahre deutet und eine Bevorratung initiiert, wendet er Schaden von dem Land am Nil.

Im Zusammenhang mit der dann tatsächlich eintretenden Hungersnot kommt es in Ägypten zur Begegnung zwischen Josef und seinen Brüdern und nach einigen von Josef inszenierten Prüfungen der Brüder zur Aussöhnung. Die zuvor gestörte Gemeinschaft ist geheilt und schließt auch Jakob ein. Nach dessen Tod in Ägypten wird sein Leichnam mit höfischem Zeremoniell in die Heimat überführt, die Söhne aber leben mit ihren Familien weiterhin im Lande „Gosen" in Ägypten.

Die alttestamentliche Forschung hat zur Josefsgeschichte u. a. folgende Untersuchungsergebnisse herausgestellt:

- In der Josefsgeschichte spielen historische Reminiszenzen und Fakten praktisch keine Rolle.
- Ortsgebundene Überlieferungen wie in Gen 12 ff. und 25 ff. fehlen völlig. Der Pharao hat keinen Namen, auch nicht die Stadt in Gen 44,4.13.
- Der Erzähler zeichnet das (positive) Ägyptenbild seiner Zeit, nicht das der Josefszeit.
- Von Gottes Handeln wird eher mittelbar und indirekt gesprochen. Nur an zwei Stellen spricht die Josefsgeschichte programmatisch von Gott: Gen 45,5–7 und 50,20 f.: Gott hat Josef geführt und begleitet; Gott hat die böse Absicht der Brüder zum Segen gewandelt – ihnen selbst und Josef und ganz Ägypten zugute.
- Auch fehlen die spezifisch heilsgeschichtliche Ausrichtung, jeder Bezug auf Verheißung, Bund und Gottes umgreifende Pläne mit Israel.
- Alles Interesse ruht auf Josef, dem die Erzählung Klugheit, Weitsicht, Selbstbeherrschung, Redegewandtheit im entscheidenden Augenblick, Verschwiegenheit, Versöhnungsbereitschaft und Langmut attestiert. Der Beamte Josef wird zum Prototyp und

zur idealtypischen Leitfigur in weisheitlicher Tradition stilisiert.
- Weisheitliches Interesse manifestiert sich auch in der „Freude am Fremdartigen“, im aufgeklärten „Interesse an den Bräuchen und Verhältnissen eines fernen Volkes, am Glanz des Pharaonenhofes, an der Installation eines Wesirs, an der Speicherung des Getreides, an der Mumifizierung der Leichen“ (G. von Rad).

Einzelhinweise
- 37,3 Bunter Rock: Ärmelkleid, Leibrock, der sich durch seine Länge und die Länge seiner weiten Ärmel von den üblichen mantelartigen Umhängen unterschied. Dieses Luxuskleid trugen Vornehme, die nicht körperlich zu arbeiten brauchten, Prinzen etwa (2 Sam 13,18 f.).
- 37,20 Grube/Zisterne: Große, flaschenförmige Löcher in der Erde, die der Aufspeicherung des Winterregens für den Sommer dienten und in denen man leicht einen Menschen verschwinden lassen konnte (vgl. Jer 38,6).
- 37,25 Karawane: Seit frühester Zeit organisieren Karawanen den Handel und Güteraustausch zwischen den Ländern des Ostens und Ägypten. Die alte Handelsstraße verbindet Damaskus über Israel und die Küstenstraße mit Ägypten.
- 37,33 „Es ist meines Sohnes Rock“: Die Übersendung des blutigen Rockes ist ein Rechtsakt. Indem Jakob den Rock als den seines Sohnes identifiziert, konstatiert er dessen Tod – und stellt die Brüder von jeder weiteren Verantwortung frei.
- 39,20 „legte ihn ins Gefängnis, in dem des Königs Gefangene waren“: Auf „Ehebruch“ steht normalerweise die Todesstrafe. – „Des Königs Gefangene“ = Angehörige der Oberschicht haben Anspruch auf persönliche Bedienung.
- 40,1 Mundschenk und Bäcker: Es handelt sich weniger um Berufsbezeichnungen als um Titel hoher Beamter, die sich wegen Intrigen oder Unterschlagung in Untersuchungshaft befinden.
- 41,4 f. „Ich habe dich über ganz Ägyptenland gesetzt“: Als Großwesir (= bevollmächtigter Stellvertreter des Pharao) ist Josef zugleich Palastvorsteher. Ring (= Siegelring, Staatssiegel), Leinwand und goldene Kette (= Ehrenzeichen) sind Symbole seines neuen Status.
- 41,43 Wagen: Zweirädriger Prunkwagen. Der Würdenträger steht auf einer Plattform neben dem Wagenlenker.
- 44,2 Silberner Becher: Der Becher ist als Weissagungsbecher zu verstehen, also als Kultgegenstand. Auf den Diebstahl von Kultgegenständen stand die Todesstrafe.
- 50,1 ff. Totenklage: Zur rituellen Totenklage trug man eine besondere Trauertracht, man schor sich die Haare und fastete.
- 50,8 Goschen (Gosen): Unterägyptische Provinz, fruchtbarer Landstrich an der Ostgrenze des Nildeltas. Gosen reichte von der Deltaspitze bis zu den Bitterseen. Seine Hauptstadt war in ramessidischer Zeit wahrscheinlich Pithom.

Eine Reihe von Gründen sprechen für die Behandlung der Josefsgeschichte im Rahmen des Grundschulunterrichts, hier speziell im 2. Schuljahr: Sie ist nicht nur farbig und spannend, sondern macht die Sch auch exemplarisch mit wichtigen menschlichen Verhaltensweisen, Grunderfahrungen und Schwächen bekannt, mit Hochmut, Eifersucht, Neid, Einsamkeit, Streit, Schuld, Vergebung. Sie zeigt beispielhaft, wie Gott – oft mittelbar und erst nachträglich erkennbar – das Leben in guten und schweren Zeiten begleitet, wie Gottes Pläne sich im Tun der Menschen verwirklichen und wie gestörte Gemeinschaft wieder heil werden kann. An vielen Stellen lädt die Josefsgeschichte zur Identifikation ein.

Der Umfang der Josefstradition macht eine didaktische Reduktion unumgänglich. Wir haben den Schwerpunkt auf den Konflikt der Brüder und dessen Lösung gelegt, andere Aspekte wurden dagegen gerafft (z. B. die Träume; das Gefängnis; die verschiedenen Ägyptenreisen der Brüder) oder auch weggelassen. Auf diese Weise bleiben für die Kinder die Gesamtstruktur und -intention überschaubar.

Die Vermittlung geschieht vorrangig durch Erzählen. Die Erzählinhalte werden durch ein Wandplakat mit mobilen, auswechsel- und veränderbaren Figuren mitvollzogen. Außerdem lernen die Kinder abschnittweise ein Josef-Lied und gestalten an Stationen Wandbilder. Durch das Herstellen eines kleinen Josef-Büchleins mit Bildern, Texten und Gestaltungsarbeiten werden die Ergebnisse gesichert und zu einer Einheit zusammengeführt.

Biblisch erzählen

Vergewissern Sie sich, dass Sie die Josefsgeschichte in ihren Grundzügen parat haben; erzählt werden folgende Abschnitte:
Einstimmung: Jakob, Isaaks Sohn – zwölf Söhne, der älteste Ruben, der jüngste Benjamin. Benjamin und Josef, der Zweitjüngste, sind Rahels Kinder. Rahel ist gestorben. Jakob trauert um Rahel und liebt Rahels Söhne umso mehr.

1. Jakob schenkt Josef ein buntes Gewand.
2. Josef erzählt seine Träume: Die Garben der Brüder verneigen sich vor seiner Garbe/ Sonne, Mond und Sterne (= Vater, Mutter und Brüder) verneigen sich vor ihm.
3. Die Brüder wollen Josef loswerden; sie werfen ihn in einen Brunnen; verkaufen ihn an fremde Kaufleute, die nach Ägypten ziehen.
4. Josef dient im Haus des ägyptischen Beamten Potiphar; er gewinnt das Vertrauen des Herrn. Potiphars Frau stellt Josef eine Falle und beschuldigt ihn; Josef landet im Gefängnis.
5. Im Gefängnis lernt Josef Würdenträger des Pharao kennen, den Bäcker und den Mundschenk; er deutet ihre Träume. Später kommt der Mundschenk frei. Als der Pharao Träume hat, die ihn beunruhigen, kann keiner sie deuten. Der Mundschenk aber empfiehlt Josef.
6. Josef kommt zum Pharao und deutet dessen Träume: sieben fette Jahre, sieben magere Jahre; er schlägt einen Aktionsplan zur Bewältigung der kommenden Dürre vor.
7. Josef wird der Stellvertreter des Pharao und verwaltet die Vorräte. Josefs Brüder kommen nach Ägypten, um Korn zu kaufen. Josef erkennt sie, sie ihn nicht.
8. Josef bezichtigt die Brüder der Spionage, behält Simeon als Geisel und lässt die anderen gehen; wenn sie wiederkommen, sollen sie Benjamin, den jüngsten Bruder, mitbringen.
9. Die Brüder kommen mit Benjamin zurück; Ruben hat sich für ihn verbürgt. Josef lässt es so aussehen, als hätte Benjamin einen Kultbecher gestohlen. Ruben tritt für Benjamin ein; da weiß Josef, dass seine Brüder nun zueinander stehen – und gibt sich zu erkennen.
10. Versöhnung und Einladung an Jakob, ebenfalls nach Ägypten zu kommen. „Ihr gedachtet es böse mit mir zu machen; aber Gott gedachte es gut zu machen.“

Es ist wichtig, die Sch beim Erzählen aktiv mit einzubeziehen. Dazu dient eine Pinnwand bzw. die Tafel, an der Figuren und Gegenstände angebracht werden, die die jeweilige Szene versinnbildlichen. Diese Elemente werden so angebracht, dass sie bewegt werden können:

12 Brüder 1, Josef und seine Kleider (Anziehpuppe mit Mantel) 2, Brunnen, Kamele mit Karawanenführer 3, Pyramiden, Palmen 4, Gefängnis, Prunkwagen 5, Kornähren, Becher 6.

Außerdem entstehen *Josef-Bücher* und *Wandposter*. Ein *Josef-Lied* hilft Strophe um Strophe, die Handlung zu entfalten. Am Ende der Einheit dient es zur Bündelung und Deutung der Erfahrungen.

2. Kompetenzen und Ziele

Die Schülerinnen und Schüler

- kennen die Josefgeschichte und können sie in wichtigen Grundzügen wiedergeben (Sach- und Sprachkompetenz)
- können über Neid, Eifersucht, Angeberei, über Streit, Vergeltung und Versöhnung sprechen und dazu Stellung nehmen (Selbst-, Sozial-, Urteilskompetenz)
- deuten Josefs Lebensweg: Der scheinbare Umweg/Leidensweg ist im Nachhinein ein Weg der Rettung für viele

3. Unterrichtsschritte

a. Geschwister

L zeigt das Bild von den 12 Brüdern 1; ihre Namen werden genannt, ihr unterschiedliches Alter bedacht. Szenen entworfen: Brüder kommen abends nach Hause: Wer sagt was? Wer sitzt wo am Tisch?

Gespräch über eigene Geschwister und Geschwistererfahrungen. Kreatives Schreiben zu dem Satzanfang: „Manchmal könnte ich meine Schwester/meinen Bruder (für Einzelkinder: könnte Paul seinen Bruder/seine Schwester bzw. Sara ihre Schwester/ihren Bruder) echt auf den Mond schießen …"

Auswertung: Welche Gefühle entstehen zwischen Geschwistern? L heftet das Bild von den 12 Brüdern an die Tafel/Pinnwand und schreibt auf die linke Seite negative Gefühle, auf die rechte Seite positive. (Evtl. müssen die positiven Gefühle noch aktiv nachgefragt und gesammelt werden.)

Vertiefung: Die Sch nennen zu jedem der gesammelten Gefühle einen entsprechenden Gedanken einer der Figuren des Bildes.

L beginnt mit der Einführung in die Josefsgeschichte 2.

b. Der bunte Mantel

Zur Wiederholung
Die 12 Brüder werden oben an die Tafel/Pinnwand geheftet. Die Namen der Mütter (Lea und Rahel; Bilha und Silpa, die Mägde) können dazugeschrieben werden. Über allen eine Vaterfigur (Jakob) und darüber das aus Band 1 bekannte Bild von „Abraham unterm Sternenhimmel". Mit Pfeilen (Tafel) oder Wollbändern (Pinnwand) wird deutlich, dass hier Generationen versammelt sind – Abraham (Isaak), Jakob, Josef. L erinnert: „Wie Gott gesagt hat: Aus Abraham wird ein großes Volk!"
L erinnert an Abrahams Nomadenleben mit Vieh und Zelten, von Weide zu Weide: „So lebt auch sein Enkel, Jakob."
L erzählt 2, Szene 1; die Sch erhalten den Bastelbogen 3 und kleiden Josef in seinen prächtigen Mantel.
L erzählt 2, Szene 2; die Sch beschreiben die Gemütslage der Brüder.
L erzählt 2, Szene 3; die Sch beschreiben die Gemütslage Josefs.

Wandposter
Der Mantel (ausgeschnitten aus einem großen Stück braunen Stoffs; gemäß 3 oder in Umrissen skizziert) wird von den Sch farbig und kunstvoll gestaltet. Dazu erhalten sie bunte Filz- oder Tonpapierflicken, Geschenkband, Geschenkpapier, Knöpfe …

Josef-Buch
Pro Kind 12 leere Seiten DIN A5, quer, buntes etwas dickeres Papier (= Deckblatt, je eine

Seite pro Erzählabschnitt, Schlussblatt) werden gelocht und zusammengeheftet (vorläufig; sodass die Farben noch ausgetauscht werden können; sie sollen Erzählstation für Erzählstation ausgestaltet werden.)

Das Deckblatt wird erst ganz zum Schluss der Einheit gestaltet; vorerst steht darauf nur Name und Klasse des Kindes sowie der Titel: Josef und seine Brüder.

L und Sch überlegen gemeinsam, was sie für die ersten drei Szenen (= Seiten 1 bis 3) festhalten wollen – das bunte Kleid, Sonne, Mond und Sterne, den Brunnen? (mit 3 und 4 oder eigengestaltet).

Josef-Lied
5 Die Strophen 1 bis 4 werden geübt und gesungen.

c. In Ägypten

Mithilfe ihres Josef-Buchs erzählen die Sch den Anfang der Geschichte nach. Mit dem Bild „Karawane und Karawanenführer“ 4, „Pyramiden und Palmen“ 6 sowie 7 „Gefängnis und Prunkwagen“ beginnt die Schilderung des Ortswechsels: „Wie ist es in Ägypten?“.

Sch gestalten aus mitgebrachten Reiseprospekten eine Collage „Ägypten“. Mithilfe von Sachbilderbüchern lernen sie Ägypten als eine alte Kultur kennen (Pyramiden, Sphinx, Pharaonen, Hieroglyphen); wenn Zeit ist, schreiben sie eine Kartusche mit ihrem Namen (Viele gute Vorlagen für Hieroglyphen finden sich im Internet.)

L: Nach Ägypten brachte die Karawane Josef … Sch beschreiben seine Gefühle. L erzählt Szenen 4 und 5: Auf dem Sklavenmarkt/ In Potiphars Haus (vom Aufstieg bis zur Verhaftung).

Wandposter
Auf das Poster wird ein großes Fenster gezeichnet oder mit Tonpapierstreifen aufgeklebt. Die Sch schneiden aus Pappe Gitterstreifen aus und kleben sie kreuz und quer in das Fenster. Unter dem Fenster kann ein Schild angebracht werden – mit Josefs Namen und dem Grund seiner Inhaftierung.

Josef-Buch
Wir haben eine einzige Seite für das neu Gehörte; gemeinsam überlegen: Welche Darstellung wird mich am besten daran erinnern, was Josef in Ägypten geschehen ist?

Josef-Lied
5, Strophen 5 und 6

d. Fette Jahre, magere Jahre

Mit 1, 3, 4 und 6 an der Pinnwand wird der Stand der Josef-Handlung rekonstruiert. Anhand von 3 erinnern wir uns daran, dass Josef ein Träumer ist.

L: Im Gefängnis wird Josef zum Traumdeuter. Die Träume der Beamten und dann des Pharao sind wie Rätsel und wenn man sie enträtselt, wie Fenster in die Zukunft. Josef sagt: Gott schickt diese Träume. Und Gott hilft mir, sie zu enträtseln.

L erzählt Szene 6 (Träume des Mundschenks und des Bäckers) und Szene 7 (Traum des Pharao, Deutung, Folgen).

Wandposter
Das Poster bekommt einen Rahmen (gemalt oder geklebt) und wird zum Kornspeicher. Die Sch füllen es mit Ähren (aus 8 oder, wenn es jahreszeitlich passt, mit echten).

Josef-Buch
Auch hier wäre am ehesten der Kornspeicher zu gestalten – Symbol für Josefs Voraussicht ebenso wie für seine neue Position. Außerdem der Vorrat, mit dem er seine Familie wird retten können.

Josef-Lied
5, Strophen 7 und 8

e. Rettung und Versöhnung

Wiederholung mit Josef-Büchern und oder Symbolelementen.

L: Dann kommen die mageren Jahre. Und die Menschen stehen Schlange vor Josefs Kornspeicher … (Spontantheater mit 9).

Innehalten und überlegen: Josef sieht seine Brüder – wie ist das für ihn?

L erzählt Szene 8, dann Szene 9 (weitgehend als Wiederholung von 8); Pointe: Benjamin; Zuspitzung: der Becher. (L hat einen Zinnbecher dabei, der während des Erzählens in der Mitte des Stuhlkreises steht.

Spiel: Benjamin wird verhaftet; Ruben stellt sich vor ihn. Josef umarmt beide.

L erzählt Szene 10, das „Happy End". „Benjamins Becher" macht die Runde – alle trinken daraus einen Schluck Traubensaft (Hygiene beachten; Becher drehen und nach je vier Sch mit einem Desinfektionsmittel behandeln).

Wandposter
Wortpuzzleteile werden zu der „Moral" der Josef-Geschichte zusammengesetzt: 10.

Josef-Buch
Drei Seiten: z. B. die Menschenschlange vor dem Speicher, Juda in Fesseln, der Becher. Und als Schlussblatt das Motto (mit eigenen Worten?)

Josef-Lied
5, Strophe 9; alle Strophen
Dazu ist ein Reigentanz von Poster zu Poster: Alle hintereinander und die rechte Hand auf die linke Schulter des Vorgängers gelegt. (Mit der freien Hand können wir Kopf und Hals oder Schwänzchen eines Kamels andeuten und entsprechend „ägyptisierend" wippen.)

Symboldidaktische Vertiefung:
Das Jojo als Zeichen
Durch Verkürzung und Doppelung erhält Josef im Liedtext einen interessanten Spitznamen (Jo-jo). „Wer weiß, was ein Jojo ist? Was kann man damit anfangen? Und was hat das alles mit Josef zu tun?" Das steht gleich in der ersten Strophe: Beide können ganz tief fallen und kommen doch immer wieder hoch, weil sie einer fest in der Hand hält. (Eventuell hängen wir zur Verdeutlichung auch die Poster an der Wand hoch oder tief – je nachdem wie es dem Josef dort gerade ergeht …)

Zwölf Brüder und ihr Vater

Josefs Geschichte von b) bis d)

b. Der bunte Mantel

1. Szene: Jakob schenkt Josef den bunten Mantel
Jakob hat mit seinen Söhnen zu Abend gegessen. Nach einem langen Tag harter Arbeit. Einer hat nicht gearbeitet: Josef. Der hat mit Benjamin gespielt, dem Jüngsten. Nach dem Essen nimmt Jakob Josef zur Seite. Schenkt ihm einen wunderbaren, kostbaren Mantel. Die Brüder sehen an ihren staubigen Kitteln hinunter. Sie denken …

2. Szene: Josef träumt von Sonne, Mond und Sternen
Am Morgen. Josef im bunten Mantel. „Ich habe geträumt." Juda, mürrisch: „Schön für dich." Josef: „Von euch." Ruben: „Wie, von uns?" Josef erzählt den ersten Traum: Wie er und die Brüder Garben banden und im Kreis aufstellten. Und dann verneigten sich die Garben der Brüder vor Josefs. …/Am nächsten Morgen … (Wiederholung) Josef erzählt seinen zweiten Traum: Wie Sonne, Mond und Sterne sich vor ihm verneigten. Die Brüder „kochen"; Jakob denkt nach …

3. Szene: Die Brüder wollen Josef loswerden
Die Brüder mit den Herden unterwegs. Von fern sehen sie Josef kommen. Im bunten Mantel. Einer: „Da kommt der Träumer." Ein anderer: „Diesmal hat sich's ausgeträumt …" Sie beschließen, Josef zu fangen und in einen trockenen Brunnen zu werfen. Deckel drauf. Gesagt, getan. Sie haben ihm den Mantel abgenommen. „Den beschmieren wir mit Blut und bringen ihn dem Vater. Dann denkt Vater, ein wildes Tier habe Josef gefressen."

Ruben: „Und? Was soll mit Josef geschehen?" … – Da kommt eine Karawane. Händler mit Kamelen. Die Brüder beschließen, Josef zu verkaufen. Die Händler nehmen ihn als Sklaven mit zum Sklavenmarkt nach Ägypten …

c. In Ägypten

4. Szene: Auf dem Sklavenmarkt
Die Händler bringen Josef auf den Sklavenmarkt. Ein reicher Ägypter, Potiphar, kauft ihn.

5. Szene: In Potiphars Haus und aus Potiphars Haus ins Gefängnis
Potiphars Diener reden über Josef. „Wer ist dieser Junge aus dem Land der Hebräer? Und alles, was er tut, gelingt." – „Er sagt, sein Gott ist bei ihm. Er sagt, sein Gott ist mit ihm in die Fremde gezogen." – „Ich sehe ihn gern. Er ist freundlich." – „Ich weiß noch jemanden, der ihn gern sieht … Und das kann den Jungen in große Schwierigkeiten bringen …" Die Diener lachen. Sie denken an Potiphars Frau. Die hat sich in Josef verliebt …

Und so kommt es: Potiphars Frau ist verliebt in Josef. Josef weist sie ab. Aber Potiphar ist trotzdem böse auf Josef. Potiphars Frau macht Josef bei Potiphar schlecht. Schließlich wirft Potiphar Josef ins Gefängnis.

6. Szene: Die Träume des Bäckers und des Mundschenks
Im Gefängnis sind auch zwei Beamte des Pharao, der Bäcker und der Mundschenk. Der Mundschenk träumt von reifen Trauben, die er in den Becher des Pharaos auspresst. Der Bäcker träumt von drei Körben mit Kuchen für den Pharao. Aber Vögel kommen und fressen den Kuchen auf, bevor der Bäcker ihn dem Pharao bringen kann.

Josef denkt an seine eigenen Träume. „Gott schickt Träume. Es sind Fenster in die Zukunft. Ich kann euch sagen, was sie bedeuten."

Josef sagt: Der Mundschenk wird bald wieder frei sein. Der Bäcker wird hingerichtet werden. Und so kommt es.

d. Fette Jahre, magere Jahre

7. Szene: Die Träume des Pharao
Einige Zeit später am Hof des Pharao. Der Mundschenk dient wieder dem Pharao. Er hört, wie der Pharao zornig seine Traumdeuter fortschickt. Der Pharao hat geträumt, aber seine Traumdeuter können seinen Traum nicht deuten. „Träume sind Fenster zur Zukunft", sagt der Mundschenk. Pharao: „Wer sagt das?" Der Mundschenk erzählt von Josef. Pharao: „Herholen! Sofort!" Josef wird gebadet und kostbar gekleidet und zum Pharao gebracht. Der Pharao erzählt ihm seinen Traum: Sieben pralle Ähren hat er gesehen. Sieben fette Kühe. Dann aber: sieben vertrocknete Ähren. Sieben magere Kühe. Josef: „Gott sagt mir, was dieser Traum bedeutet." Josef sagt: „Es kommen sieben gute, fette Jahre. Alles, was Ägypten anbaut, wird gedeihen. Aber dann kommen sieben magere Jahre. Und Ägypten wird hungern." Der Pharao erschrickt: „Was können wir dagegen machen?" Josef sagt: „Wir könnten Scheunen bauen und von der Ernte der fetten Jahre Vorräte anlegen für die mageren Jahre." Der Pharao ist begeistert. „Das ist eine gute Idee! Du bist klug, fremder Mann. Sei mein Verwalter! Sorge dafür, dass unsere Scheunen voll werden!" Und so geschieht es: Josef wird der Verwalter des Pharao, ein wichtiger Mann. Und alles kommt so, wie Josef es gesagt hat.

e. Rettung und Versöhnung

8. Szene: Josefs Brüder kommen zu Josef, um Korn zu kaufen
Und dann, nach den sieben fetten Jahren … Dürre herrscht, Hungersnot. Überall bei Ägyptens Nachbarn. Nur in Ägypten haben die Menschen zu essen. Aus Josefs Scheunen. Sie stehen Schlange davor. Tag für Tag. Und Josef verteilt. Da – Fremde aus dem Hebräerland stehen in der Schlange. Auch sie wollen Korn von Josef. Sie sind weit gereist. Staubig. Aber Josef erkennt sie – seine Brüder. Seine Brüder erkennen ihn nicht. Er ist ein Mann geworden. Und wie ein reicher Ägypter gekleidet.

Josef zeigt auf seine Brüder. „Das sind Spione! Verhaftet sie!" Die Brüder verteidigen sich. Sie hätten nur Korn kaufen wollen. Josef sagt: „Was ist das Wichtigste in eurem Leben?" Ruben sagt: „Unser kleiner Bruder Benjamin. Er ist zu Hause geblieben. Unser Vater liebt ihn sehr. Und wir lieben ihn auch." Josef sagt: „Bringt ihn mir, euren Benjamin. Dann will ich euch glauben, dass ihr es ehrlich meint." Josef lässt Simeon als Geisel gefangen nehmen und schickt die Brüder zurück zu ihrem Vater.

9. Szene: Benjamin und der Becher

Wieder eine Schlange vor den Kornspeichern. Wieder Hebräer in der Schlange. Josefs Brüder mit Benjamin. Josef zeigt auf sie: „Ihr seid eingeladen! Feiert mit mir ein Fest!" Er lässt Simeon frei. Nach dem Fest kaufen die Brüder Korn und ziehen ab. Aber Josef hat in einen der Kornsäcke einen kostbaren Becher geschmuggelt. In Benjamins Sack.

Kaum sind die Brüder fort, schreit er: „Diebe!" Er sagt, sie hätten seinen goldenen Becher gestohlen, und lässt sie verfolgen.

Soldaten finden den Becher in Benjamins Sack. „Du bist ein Dieb. Wir verhaften dich." Sie bringen Benjamin zurück zu Josef. Alle Brüder gehen mit. Josef sagt zu Benjamin: „Du bist ein Dieb. Du wirst hart bestraft." Ruben tritt vor: „Nicht Benjamin! Nimm mich!" Als Josef das hört, weint er. Er umarmt Benjamin und Ruben. „Ich bin Josef! Ich bin nicht tot und nicht verloren. Ihr meintet es böse mit mir. Aber Gott machte es gut."

10. Szene: Jakob kommt nach Ägypten

Was für ein Glück! Jakob sieht Josef wieder! Josef rettet die ganze Familie vor der Hungersnot. Sie dürfen nun alle zusammen in Ägypten leben. Alle sind glücklich. Nur ab und zu beschleicht die Brüder ein schlechtes Gefühl. „Josef, kannst du uns denn vergeben?" Aber Josef lächelt: „Ihr meintet es böse mit mir. Aber Gott machte es gut."

Josef und sein Mantel

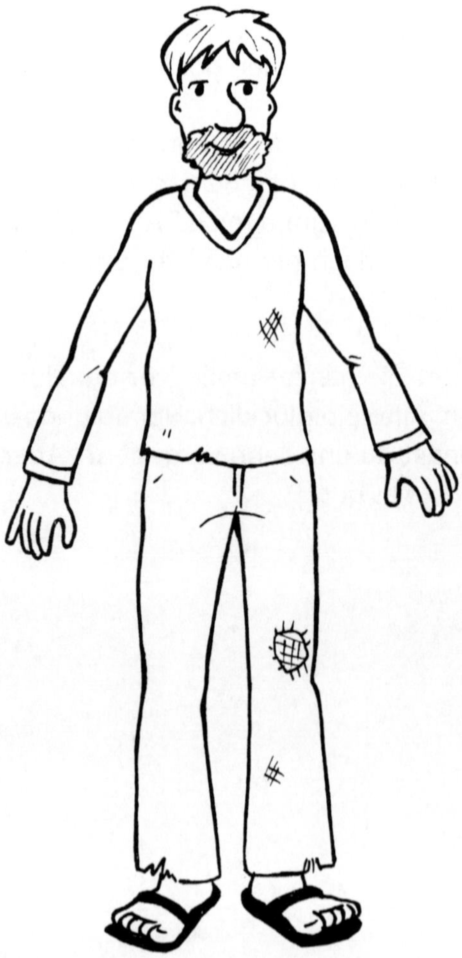

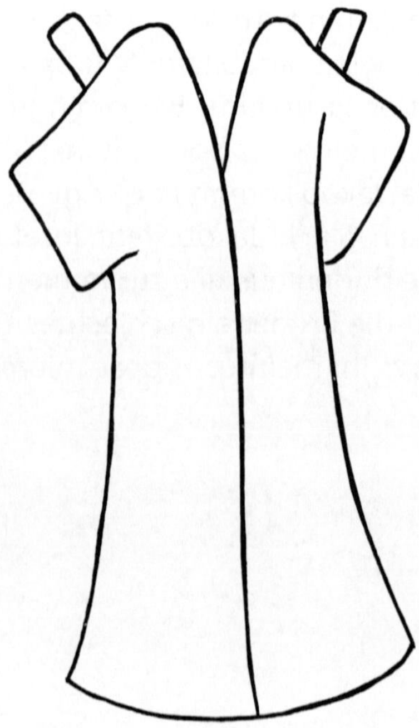

Brunnen, Kamele und Karawanenführer

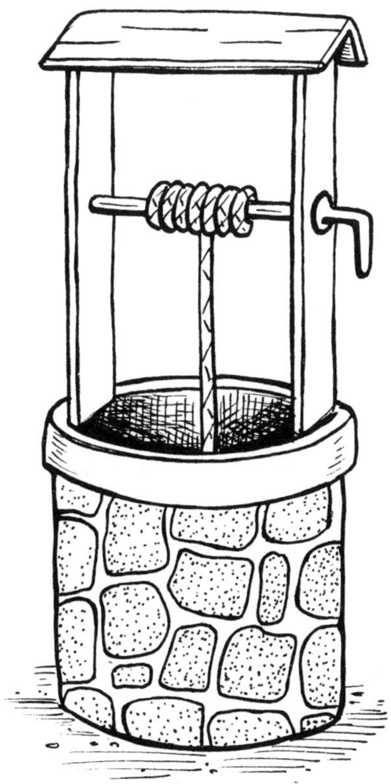

Das Josef-Lied

Text und Melodie: Siegfried Macht

2 Jo-Jo-Josef, du trägst ein schönes Kleid.
Jo-Jo-Josef, da gibt es großen Streit.

3 Jo-Jo-Josef, was fiel im Traum dir ein?
Jo-Jo-Josef, du willst wohl König sein?

4 Jo-Jo-Josef, fällst du auch in ein Loch,
Jo-Jo-Josef, nach oben kommst du doch.

5 Jo-Jo-Josef – verkauft ins fremde Land …
Jo-Jo-Josef, fällst nie aus Gottes Hand.

6 Jo-Jo-Josef, musst ins Gefängnis gehen.
Jo-Jo-Josef, wer betrügt hier wen?

7 Jo-Jo-Josef, was andre träumend sehn,
Jo-Jo-Josef, das lässt dich Gott verstehn.

8 Jo-Jo-Josef, Gott führt dich aus der Not,
Jo-Jo-Josef, gibt allen durch dich Brot.

9 Jo-Jo-Josef, was andre bös' gedacht,
Jo-Jo-Josef, hat Gott doch gut gemacht.

Pyramiden und Palmen

7 Gefängnis und Prunkwagen

8 Kornähren und ein Becher

Spontan-Theater: Warten auf Korn

Wir brauchen
Eine lange Reihe Kinder; vorn der Herold (Erzähler) und Josef. Die Kinder treten einzeln vor, so wie der Erzähler sie beschreibt, und bitten Josef um Korn. Josef wiederholt stets: „Hier, nimm, was du nötig hast." Erst bei den Letzten (eine Gruppe von ca. 5 Kindern) weicht er von dieser Regel ab. Er hebt den Arm: „Ihr seid Fremde! Ihr seid Spione! Wache!!!" Und die Verdächtigten reagieren …

Erzähler
Seit dem Morgen stehen die Hungrigen Schlange. Die Tore des Speichers sind offen. Jeder bekommt, was er braucht. Wie lange wird das Korn noch reichen? Aber es reicht, es reicht, weil Josef, der Weise, so klug ist …

Wieder kommt einer heran. Er stützt sich schwer auf einen Stock. In der anderen Hand hält er einen Eimer. Der ist leer. Bittend hält er ihn Josef hin. Und Josef füllt den Eimer mit Korn. Er sagt: „Hier, nimm …"

Da, zwei Mädchen. Sie kommen Hand in Hand. Die eine ist schon groß, die andere ganz klein. Sie stolpert beim Gehen. Aber ihre Schwester hält sie. Vor Josef machen sie beide einen Knicks. Die Kleine fängt an zu weinen. Die Große hebt mit beiden Händen die Schürze, die sie umhat. Josef schüttet Korn hinein. Er sagt: „Hier, nimm …"

Ein Mann. Er führt eine Ziege am Strick. Die Ziege ist störrisch und zieht und zerrt bockig in alle Richtungen. Der Mann hat einen Korb auf dem Rücken. Als er vor Josef steht, dreht er sich um und hält ihm den leeren Korb hin. Josef schüttet Korn hinein und sagt: „Hier, nimm …"

Eine Frau. Sie hat ein Kind auf dem Arm. Zwei andere toben um sie herum. Sie spielen Fangen. Eines fällt hin, weint. Zieht sich an der Mutter hoch. Das andere läuft ein paar Schritte vor. Stößt gegen Josef. Der hebt die Arme. Die Mutter will sich entschuldigen. Aber Josef reicht ihr einen Beutel Korn und sagt: – – – –

Evtl. weitere …

Zum Schluss
Eine Gruppe fremder junger Männer. Staubig. Mager. Weit gereist. Höflich nähern sie sich Josef. Der aber streckt den Arm gegen sie aus … „Spione …"

10 Die Botschaft der Josef-Geschichte

Ihr	gut
aber Gott	machte es
meintet	es böse

3 Jesus Christus

F. Mit Jesus gehen: Jesus ruft, Jesus tröstet und heilt
G. Weihnachten: Unterwegs nach Bethlehem
H. Passion: Einen schweren Weg gehen
I. Ostern: Jesus lebt und schenkt Leben

F Mit Jesus gehen: Jesus ruft, Jesus tröstet und heilt

1. Theologische und didaktische Aspekte

Beispiel 1: Jesus in Galiläa (Lk 4,16–30)
Jesu Antrittsrede in seiner Heimatstadt Nazareth hat in mehrfacher Beziehung im Aufriss des Lukas-Evangeliums programmatische Bedeutung:

- Nach Taufe und Versuchung setzt hier die öffentliche Wirksamkeit Jesu „in der Kraft des Geistes“ (4,14 – vgl. 3,21 f.; 4,1) ein.
- Im Rahmen seiner galiläischen Lehrtätigkeit kommt Jesus am Sabbat nach Nazareth in die Synagoge (s. Exkurs). Die von Jesus zitierte und ausgelegte Jesaja-Stelle (Jes 61,1 f. und 58,6) mit dem zentralen Motiv „Befreiung (nicht im Sinn einer politischen Befreiung und eines königlichen Herrschens, sondern) als frohe Kunde für die Armen“ hat die Aufgabe, auf die Erfüllung der prophetischen Verheißung in der Person Jesu hinzuweisen: In den von den Propheten verwendeten Bildern manifestiert sich jetzt der Anbruch der messianischen Zeit.
- Trotz des partiellen Beifalls für den Befreiungsakt (V. 22) löst die Selbstauslegung Jesu letztlich nicht Glauben, sondern Irritation und Ärgernis aus (V. 22b und 28). Da Jesus die (unausgesprochenen) Erwartungen einer „Legitimierung“ seiner Botschaft mittels Wunder (V. 23) ebenso ablehnt wie die von Israel erwartete exklusive Heilszuwendung (V. 27), kommt es zum Eklat: Die versuchte Steinigung (der Verurteilte wird dabei einen Abhang hinabgestürzt; ist er durch den Sturz noch nicht tot, so wird ihm mit schweren Steinen die Brust zerschmettert), die auf Gotteslästerung (!) steht, präludiert schon am Anfang des Wirkens Jesu dessen Ende: die Passion.

Exkurs: Die Synagoge
Die Synagoge, sakraler und profaner Versammlungsraum zugleich, stammt wahrscheinlich aus exilischer Zeit (6. Jh. v. Chr.). Sie ist Ort des Gottesdienstes, Gebets und Unterrichts, aber auch soziales Zentrum, das der Gemeindeverwaltung, der Armenpflege, zu politischen Versammlungen, Leichenfeiern oder zur Beherbergung von durchreisenden Fremden diente.

Die Inneneinrichtung der Synagoge ist nicht einheitlich. In der Regel betritt man den Innenraum durch einen Vorraum mit einem Becken für kultisches Händewaschen. Ein hölzerner Schrein, Abbild der Bundeslade, birgt die Torarollen. Die Schriftlesung erfolgt von einem erhöhten Platz, der „bema“ oder „alemor“. Beim Vorlesen darf das Pergament der Torarolle nicht berührt werden. Darum benutzt der Vorleser einen in Form einer Hand gearbeiteten Torazeiger („Jad“ = „Hand“) aus Elfenbein, Holz oder Silber.

In der Synagoge befinden sich ferner die „Menora“, der siebenarmige Leuchter (vgl. Ex 25,31 ff., 37,17 ff.) und – vor der Lade – die sog. „Ewige Lampe“, die an das nie verlöschende Licht im Tempel erinnern soll.

Der *Gottesdienst* am Sabbat (es gibt daneben auch Wochentags- und Festtagsgottesdienste) gliedert sich auch in biblischer Zeit in mehrere Teile:

- Bekenntnis und (Bitt-)Gebet
- Lesung aus der Tora (= 5 Bücher Mose) als fortlaufende Lesung, die sicherstellt, dass die gesamte Tora im Laufe eines Jahres gelesen wird.
- Lesung aus den Propheten (= geschichtliche und prophetische Bücher) – ggf. lehrhafte Auslegung der Perikope (wie in Lk 4,16 ff.).

Beispiel 2: Jüngerberufung
(Mk 1,16–20; 2,13–17)

Die „ideale" (d. h. historisch nicht reale) Szene enthält die für die Berufung in Jüngerschaft und Nachfolge kennzeichnenden Momente:

- Die Berufung ereignet sich nicht in einem religiösen Sonder- und Feiertagsbereich, sondern in der Arbeits- und Alltagswelt, hier: der Welt der Fischer am See Genezareth.
- Der Anruf trifft auf völlig Unvorbereitete ohne erkennbare spezifische Qualifikation.
- Der Unmittelbarkeit des Anrufs korrespondiert die Spontaneität, mit der die Angerufenen dem Anruf entsprechen: Sie lassen Netze und Schiff, Vater und Lohnknechte zurück „und folgten ihm nach" (1,18.20). Anders z. B. Lk 9,57 ff. und Mk 10,17 ff.
- Nachfolge hat in der Initiative Jesu, in seinem werbenden Wort seine Wurzel (anders als im Verhältnis zwischen Rabbi und Schüler: Der Rabbi ruft nicht seine Schüler, sondern wird von diesen aufgesucht).
- Das Angebot Jesu „Ich will euch zu Menschenfischern machen" (1,17) führt zwar zum Verlust aller bisherigen Sicherheiten und Lebenssicherungen (Familie, Beruf, Besitz – vgl. Mk 10,28 ff.), stiftet aber zugleich eine neue Lebensgemeinschaft mit Jesus und eine neue Befreiungs- und Lebensperspektive: Teilhabe an Gottes neuer Welt – jetzt!

In der Jesuszeit ist die Jüngerschaft nicht auf die Berufung der beiden Brüderpaare, auch nicht auf die Einsetzung des Zwölferkreises beschränkt (Mk 3,13 ff.; vgl. Mt 10,1 ff.; Lk 6,12 ff.; Apg 1,13). Die Zwölfzahl in Analogie zu den zwölf Stämmen Israels bringt den Anspruch Jesu auf ganz Israel zum Ausdruck, wobei unklar ist, ob der Zwölferkreis nicht erst nach Ostern konstituiert wurde. Auch von dem Blinden (Mk 10,52) bzw. den Blinden in Jericho (Mt 20,34) heißt es, dass sie Jesus „nachfolgten". Lk 10,1 ff. berichtet im Zusammenhang des lukanischen Reiseberichts von der „Aussendung der siebzig Jünger". An anderen Stellen heißt es summarisch: „… und seine Jünger gingen mit ihm und viel Volks" (Lk 7,11).

In auffallender sprachlicher Parallele zu Mk 1,16 ff. („ging vorüber", „sah", „sprach") bietet 2,13 ff. die Berufung des Zöllners Levi. Wie die ersten Jünger verlässt Levi nicht nur den Ort seiner bisherigen Berufsausübung, sondern gibt, um dem Ruf Jesu unmittelbar Folge zu leisten, seine bisherige Existenz auf. Eine Steigerung gegenüber 1,16 ff. liegt darin, dass Jesus in der Berufung eines Zolleinnehmers als eines moralisch und sozial Verachteten und Unreinen und durch seine Tischgemeinschaft – Ausdruck engster Verbundenheit – mit „Zöllnern und Sündern" die Trennungsschranken zwischen „Sündern" und „Gerechten" im Horizont seiner programmatischen Ankündigung 1,14 f. aufhebt. Im Zeichen der neuen Gotteszeit sind alle – die Habenden und die Bedürftigen – in die symbolische Interaktion einbezogen: Schriftgelehrte und der Schrift Unkundige, Juden und Samaritaner, Männer, Frauen und Kinder, Zöllner und Sünder, Pharisäer ebenso wie Dirnen, Bettler und Krüppel.

Beispiel 3: Heilung des Gelähmten
(Mk 2,1–12)

Als Wundererzählung weist Mk 2,1 ff. bestimmte, auch an anderer Stelle anzutreffende Strukturelemente auf (vgl. z. B. Mt 8,23 ff.; 8,5 ff.; Mk 5,1 ff. u. öfter):

- *V. 1 f. Einleitung:* Mit der Einführung Jesu, des späteren Wundertäters, und der Menge wird die Szenerie für das folgende Geschehen eröffnet.

- *V. 3f. Exposition:* Sie schildert die Notlage des Hilfsbedürftigen und führt mit den Trägern weitere am Geschehen beteiligte Personen ein. Die den Zugang verstellende Menge, die Abdeckung des Daches und die sich anschließende Abseilungsaktion sind dramaturgische Mittel zur Steigerung der Spannung.
- *V. 5a, 11f. Zentraler Teil:* Er bietet das eigentliche Wunder, ausgelöst durch ein Wunder wirkendes Wort („Lösewort", V. 11), die Entlassung des Geheilten und die Feststellung des Heilerfolgs (V. 12a).
- *V. 12b Schluss:* Der Chorschluss („…gerieten außer sich, priesen Gott, … noch nie gesehen") artikuliert das Gotteslob der Menge und dient der öffentlichen Feststellung des Heilerfolgs.

Der Text ergäbe in dieser Abgrenzung eine formal und inhaltlich in sich schlüssige Wundererzählung etwa mit der Botschaft: Wo Gottes Herrschaft anbricht, ist auch das Krankmachende, Menschen Lähmende in diesen Herrschaftswechsel einbezogen.

Überraschenderweise bricht aber nach V. 5a der Duktus der eigentlichen Wundererzählung ab, um erst in V. 11 wieder aufgenommen zu werden. Deutlich sind die Nahtstellen noch zwischen 5a und 5b sowie zwischen 10 und 11 erkennbar. Das sekundär hier eingefügte Zwischenstück problematisiert in Form eines fiktiven Streitgesprächs das Thema „Sündenvergebung".

Die Veränderung der ursprünglichen Vorlage ist Ausdruck bewusster theologischer Gestaltung. Sie dient nicht nur dem Ziel, die Vollmacht Jesu zur Sündenvergebung, nach jüdischer Lehre alleiniges Privileg Gottes, herauszustellen, sondern deutlich zu machen, „dass alle Heilungen Jesu Zeichen für eine viel tiefer greifende Vollmacht sind, für die Sündenvergebung, die die Menschen wieder in die Gemeinschaft mit Gott zurückführt" (E. Schweizer, Das Evangelium nach Markus, [NTD 1], Göttingen [18]1998, S. 29). Der ganze Mensch soll „heil", soll „erlöst" werden; weder Krankheit noch Sünde soll ihn mehr von Gott trennen. Das ist die Botschaft des Textes.

Die Beispiele a bis c machen die Schüler auf unterschiedliche Weise mit dem Anfang des Wirkens Jesu in Galiläa, der Heimat Jesu, vertraut. Andere Jesus-Geschichten sind den Schülern bereits aus dem 1. Schuljahr bekannt: Geburt – Zachäus – Bartimäus – Kindersegnung – Ostern. An sie knüpft L hier an.

Die Jesaja-Stelle, die Jesus in der Synagoge von Nazareth zitiert, steht als Leitmotiv über seiner öffentlichen Wirksamkeit und bestimmt Jesu Selbstverständnis. In Verbindung mit Lk 4,16 ff. wird die Synagoge als religiöses und soziales Zentrum der jüdischen Gemeinde und das Thema „Schriftrolle" eingeführt.

Biblisch erzählen

Es geht in allen drei Erzählkomplexen vor allem um eines: Jesus ist Mensch im wahrsten Sinn des Wortes: Er hat Mitleid, nimmt Anteil, will heilen. Er sieht, wie es den Menschen geht, und geht nicht vorüber. Zugleich aber ist er Gottes Sohn – darin, dass er einen hohen Anspruch hat: Sein Programm ist nichts Geringeres als Erlösung, Erlösung für alle. Damit sieht er sich als Erfüller der biblischen Prophezeiungen (und eben dies ist dann unerträglich für so manchen ängstlich Frommen. Jesus predigt, ruft und heilt mit Vollmacht.

Zwei Empfehlungen zur „Berufung der Fischer": Petrus sollte sogleich als Petrus (nicht als Simon) bezeichnen werden. Mit der „Menschenfischerei" sollte vorsichtig umgegangen werden; das Bild ist verfänglich, denn die Kinder wissen sehr wohl, dass die Fische in den Netzen der Fischer sterben. Für Menschen soll das Netz dann etwas anderes bedeuten; man denke an die Sicherheitsnetze bei der Hochseilakrobatik: Jesus und seine Jünger retten Menschen und fangen sie auf (nicht: fangen sie!).

2. Kompetenzen und Ziele

Die Schülerinnen und Schüler
- können erzählen, wie Jesus Jünger beruft und wie er den Gelähmten heilt (Sachkompetenz und kommunikative Kompetenz)
- können Jesu Kommen und Wirken mit der Verheißung Jesajas (Jes 61,1–2) in Verbindung bringen (religiöse Kompetenz)
- können den Synagogengottesdienst zur Zeit Jesu in Ansätzen beschreiben und wichtige Einrichtungsgegenstände der Synagoge nennen (Sachkompetenz)
- können beschreiben, was an Jesus sehr menschlich und was an ihm sehr göttlich ist (Urteilskompetenz)
- können beschreiben, wie Levi, der Gelähmte bzw. die Menschen in Nazareth auf Jesus reagieren, und selbst in die Rolle eines von Jesus Angesprochenen schlüpfen (kommunikative und Selbst-Kompetenz)

3. Unterrichtsschritte

a. Was wir schon von Jesus wissen

L legt eine Folie auf (1 auf Folie kopiert) mit einer stilisierten Karte des Heiligen Landes. Gemeinsam werden die Orte (Bethlehem, Jerusalem, Jericho, Nazareth, Kapernaum), der Jordan, der See Genezareth beschriftet.

L zeigt Folienvignetten 2 und ordnet sie zu: Geburt in Bethlehem, Zachäus und Bartimäus in Jericho, südlich des Sees Genezareth: Kindersegnung; Tischlerwerkstatt Josefs in Nazareth (Lösung: 3). Die Sch erzählen kurz die genannten Geschichten.

b. Ein Prophet gilt nichts in seiner Heimat

L erzählt Lk 4,16–22 mit 4. Dazu wird der Innenraum der Synagoge gezeigt; die Einrichtungsgegenstände 5 der Synagoge (6 als Arbeitsblatt oder Folie) werden zugeordnet, sobald sie genannt werden: Ewiges Licht, Menora, Torarolle mit Jad.

Die Sch spielen die Szene nach: Jesus mit der Schriftrolle. Er liest …/er sagt … Die „Gemeinde“ (ca. fünf Sch) hört zu. Die übrigen Sch treten zu Einzelnen aus der „Gemeinde“, legen ihnen die Hand auf die Schulter und rufen laut deren Gedanken in den Raum, z. B. „Unerhört! Was bildet er sich ein?“ – „Er beleidigt Gott!“ – „Er ist doch nur der Sohn vom Zimmermann!“

Festigung: Jedes Kind erhält ein Stück „Schriftrolle“ (DIN A3-Bogen quer, in drei Streifen zerschnitten) und beschriftet es mit dem Prophetenwort. An die schmalen Kanten werden Schaschlikspieße geklebt, um die Schriftrolle rollen zu können. Auf die spitzen Enden werden Wattekugeln oder Perlen gesteckt. Die Rolle wird mit Geschenkpapier zusammengebunden 7.

c. Jesus macht Fischer zu Jüngern

Vorbereitung
L gestaltet mit Fischernetz, Steinen, Muscheln und Pappfischen eine Mitte. Zur Erweiterung des Szenarios während der Erzählung 8 liegen bereit: Schiff, zwei Figuren; große, leere Sprechblase.

L erzählt Mk 1,16–20 unter Beteiligung der Sch. Die Sch fungieren als „Lautsprecher“, d. h. sie wiederholen, was Jesus vom Ufer aus ruft, weil die Fischer ihn nicht gleich verstehen. Dann wechseln sie die Position und verdeutlichen die Gedanken der Fischer/übermitteln Jesus die Antwort der Fischer.

Die Sch setzen sich in Gruppen zusammen; jede Gruppe erhält ein Knäuel dicke, farbige Wolle. Aufgabe: Ein gemeinsames Netz knüpfen – ein Rettungsnetz für Menschen. Das Netz wird auf einem großen Blatt Papier ausgespannt wie eine Hängematte. Dazu ein Schriftzug: Jesu Netz trägt uns, wenn wir … (fallen/einsam sind/nicht weiter wissen).

d. Der Zöllner Levi wird ein Jünger

L zeigt noch einmal das Bild von Zachäus auf dem Baum 2. Wiederholung: Zachäus hat sich große Mühe gemacht, um Jesus zu sehen. Der Zöllner Levi sitzt einfach nur da … L erzählt Mk 2,13–17 mit 9, wie Jesus Levi ruft und wie Levi sich darüber freut.

L: Jesus ruft Menschen in sein Rettungsnetz, die sonst verloren wären …

Sch nennen solche Menschen (Kranke, Schwache, Kinder, Bettler, Verbrecher, Flüchtlinge …); damit die Liste möglichst lang wird, bilden die Kinder eine Schlange und jedes nennt einen Menschen. Der Nächste wiederholt und fügt einen hinzu – und so weiter.

Alternativ: Die Kinder stehen im Kreis und ein Wollknäuel wird kreuz und quer von einem zum anderen geworfen. Dabei werden jeweils Menschen genannt – starke und schwache, Rollen und Personen.

e. Jesus heilt einen Gelähmten (Mk 2,1–12)

L heftet ein Rollstuhl-Piktogramm an die Tafel 10. Gespräch über Beobachtungen und Begegnungen (?) mit Menschen im Rollstuhl. Ein Kind legt sich auf den Boden, wird so in eine Wolldecke eingerollt, dass es Arme und Beine nicht mehr bewegen kann. Es beschreibt, was es nun noch kann/nicht mehr kann. Wie fühlt sich das an?

Transfer
Kinder überlegen im Rundgespräch: Wann war ich schon einmal „wie gelähmt“? Was hat mir geholfen?

L erzählt von einem, der auch gelähmt war, zu einer Zeit, als es noch keine Rollstühle gab.

Die Sch basteln die Szene „im Schuhkarton“: Jeweils in Kleingruppen erhalten sie je einen Schulkarton, Filz, Wolle, dünne Tonpappe, Knetgummi. Figuren können gemalt, aus Pappe ausgeschnitten oder geknetet werden. Der Schuhkarton soll vorn offen sein, das Loch im Dach muss ausgeschnitten werden.

f. Am Lagerfeuer

Rollenspiel zur Ergebnissicherung und -festigung
Benötigt werden folgende Rollen: Petrus und Andreas, Johannes und Jakobus; Levi, der geheilte Gelähmte. Jedes Kind, das eine Rolle übernimmt, bekommt zwei oder drei Assistenten, mit denen es sich zunächst berät und die später zum Soufflieren dabei sind.

Aufgabe: Die sechs Jünger Jesu sitzen eines Abends am Lagerfeuer und erzählen sich gegenseitig, wie sie Jesus kennengelernt haben …

Das Lagerfeuer ist ein Haufen geknüllten Zeitungspapiers in der Sitzkreismitte. Die sechs Schauspieler und ihre Souffleure setzen sich darum herum. In der ersten Runde werden die Namen genannt, dann die Berufe (für den Gelähmten: beides erfinden!). Schließlich die kurzen Geschichten. Die anderen dürfen unterbrechen – mit Bekundungen der Verwunderung oder mit Rückfragen.

Während des Erzählens kursiert ein Korb mit „Fischlis“.

Wo Jesus wirkte

2 Jesus-Stationen

Wo Jesus wirkte/Stationen Jesu (Lösung)

Erzählwerkstatt „Der Prophet gilt nichts in seiner Heimat"

Einstimmung
Nazareth. Da ist Jesus aufgewachsen. Seine Eltern leben dort, seine Geschwister. Er ist lange nicht da gewesen.

1. Szene
Jesus kommt nach Nazareth. Es ist Sabbat. Die Männer und Frauen gehen gerade in die Synagoge zum Gottesdienst. Sie erkennen Jesus. Winken ihm zu. „Komm mit, Jesus, das Widderhorn ruft zum Gottesdienst!"

2. Szene
Beschreibung der Synagoge und der Gemeinde: Männer mit Gebetsschals. Frauen auf der Empore. Der Leuchter. Das Lesepult. Das Ewige Licht. Gebet: „Höre, Israel, der Herr ist unser Gott, der Herr allein." Die Torarolle. Der Lesefinger. „Jesus, lies du!"

3. Szene
Jesus geht nach vorn, nimmt den Lesefinger. Er liest aus der Rolle des Propheten Jesaja. Jesus liest: „Gottes Geist ist bei mir. Er hat mir den Auftrag gegeben, die Traurigen zu trösten und den Armen eine frohe Botschaft zu bringen. Die Gefangenen werden frei sein und die Blinden werden wieder sehen können." (Jes 61,1–2).

4. Szene
Jesus blickt auf. Er sagt: „Freut euch! Heute gehen diese Worte in Erfüllung. Mich hat Gott geschickt. Zu heilen und zu trösten. Zu befreien und von Gott zu erzählen." Die Menschen horchen auf. Erstaunt. Dann wütend. „Was bildet er sich ein?" – „Er ist der Sohn des Zimmermanns!" – „Er beleidigt Gott." Sie werfen ihn aus der Synagoge. Sie wollen ihn töten. Aber Jesus entkommt …

Einrichtungsgegenstände der Synagoge

6 In der Synagoge

7

Der Prophet Jesaja spricht: Gottes Geist ist bei mir.
Er hat mir den Auftrag gegeben, die Traurigen zu trösten
und den Armen eine frohe Botschaft zu bringen.

Erzählwerkstatt „Jesus macht Fischer zu Jüngern"

Einstimmung
Am See Genezareth. Fischer tun ihre Arbeit. Zum Beispiel Petrus und Andreas sind mit ihrem Boot auf dem See. Ein großes Netz, mit Steinen beschwert. Sie werfen es, sobald ein Fischschwarm sich zeigt. Johannes und Jakobus flicken Netze.

1. Szene
Petrus will gerade wieder das Netz werfen. Da sagt Andreas: „Guck mal, da steht einer am Ufer." Petrus hebt die Hand über die Augen, schaut. „Das ist Jesus. Ein Heiler. Ein Geschichtenerzähler." Andreas: „Du, der will was! Er winkt uns."

2. Szene
Jesus am Ufer. Hebt auch die Hand über die Augen. Schaut. Winkt. „Petrus, Andreas! Kommt mit mir! Lasst die Fische. Ihr sollt euch von nun an um Menschen kümmern!"

3. Szene
Petrus und Andreas verstehen ihn nicht, fragen zurück .../Jesus wiederholt seine Einladung. Petrus und Andreas sehen sich an. Und sagen: „Ja, wir kommen."

4. Szene
Petrus und Andreas gehen mit Jesus. Sie kommen bei Jakobus und Johannes vorbei, die immer noch ihre Netze flicken. Jesus sagt: „Johannes, Jakobus, kommt mit mir. Lasst die Netze. Ihr sollt euch von nun an um Menschen kümmern." Jakobus und Johannes sagen: „Ja, wir kommen."

Erzählwerkstatt „Der Zöllner Levi wird ein Jünger"

Einstimmung
An der Zollstation, gegen Abend. Viele Reisende sind schon abgefertigt. Es wartet keiner mehr. Der Zöllner Levi zählt zufrieden seine Einnahmen. Niemand, der ihn grüßt. Es ist, als wäre er nicht da.

1. Szene
Da fällt ein Schatten auf seinen Geldkasten. Jesus steht da und sieht ihn an. „Levi", sagt er, „komm mit mir. Lass das Geld. Du sollst dich von nun an um Menschen kümmern." Levi sagt: „Ja, ich komme."

2. Szene
Levi führt Jesus in sein Haus. Er lädt ihn zum Essen ein. Sie feiern ein Fest.

3. Szene
Draußen stehen ein Rabbi und ein paar Kaufleute. „Seht euch das an: Jesus feiert mit dem Verräter Levi, diesem Blutsauger. Er bricht für ihn das Brot." Der Rabbi schüttelt den Kopf. „Er wird unrein dabei. Warum tut er das?" Auf einmal steht Jesus neben ihm. „Willst du das wirklich wissen?" Der Rabbi nickt. „Gott hat mich geschickt, damit ich heile", sagt Jesus. „Was glaubst du wohl, wer geheilt werden muss? Der Gesunde oder der Kranke?"

Erzählwerkstatt „Jesus heilt einen Gelähmten"

Einstimmung
Jesus tröstet und heilt und erzählt von Gott. Er ist in Kapernaum, in einem Haus. Viele Menschen wollen zu Jesus. Sie drängen und schieben. Es ist kein Platz mehr.

1. Szene
Vier Freunde kommen zur Tür. Sie tragen einen Gelähmten. Er liegt auf seiner Schlafmatte, sie tragen je einen Zipfel. So können sie nicht hinein. Es ist viel zu voll. „Das war's dann wohl", sagt einer. Aber die anderen wollen nicht aufgeben. „Wir gehen übers Dach."

2. Szene
Vorsichtig steigen sie die Treppe zum Flachdach hoch. Sie machen ein Loch, das gerade groß genug ist für den Kranken auf seiner Matte. Sie binden Bänder an die Matte und lassen den Kranken langsam hinab. „Sieh mal: Er landet direkt vor Jesu Füßen!"

3. Szene
Jesus beugt sich über den Gelähmten. „Gott hat dich lieb", sagt er. Die Menschen, die dabei stehen, murren. „Wie kann er diesem Mann Gottes Liebe versprechen? Das kann nur Gott selbst." Jesus sieht sie an. „Gott hat mich zu euch geschickt, damit ich tröste. Glaubt ihr nicht, dass dieser Mann Trost braucht?" Wenn er getröstet ist, kann er heil werden, denkt Jesus. Zu dem Mann sagt er: „Steh auf, nimm dein Bett und geh nach Hause." Der Mann zögert nicht. Er steht auf, nimmt sein Bett und geht. Und seine Freunde folgen ihm.

G Weihnachten: Unterwegs nach Bethlehem

1. Theologische und didaktische Aspekte

Alltagsszene in einem orientalischen Dorf: Verhüllte Frauen kehren mit ihren ausladenden Gewürz- und Obstkörben vom Markt zurück. Männer, vielleicht Dorfälteste oder religiöse Würdenträger, stecken die Köpfe zusammen. Ein Hirte mit seinem Hund, von der Last des Lebens und der Jahre gebeugt, treibt Schafe vorbei in die bergende Hürde am Rande des Dorfes. Alle Leute sind mit sich beschäftigt, mit ihren Pflichten, mit ihren Gedanken, mit ihren Erinnerungen. – So bleiben auch die beiden Fremden mit ihrem müden Esel unbeachtet. Sie sind auf der Durchreise, wie viele in diesen Tagen. Die Frau: hochschwanger. Werden die Fremden am Ziel sein, bevor das Baby kommt? Die Leute im Dorf haben mit sich selbst zu tun. Im Übrigen: Die Frau hinter dem Esel wird nicht die Einzige sein, die ihr Kind in fremder Umgebung gebären wird. Und dass es ein besonderes Kind sein wird, ist auch nicht zu erkennen …

Heute wie damals sind Menschen unterwegs, weil *andere* die „Bewegung" verordnet haben. Asylanten, Kriegs- und Bürgerkriegsflüchtlinge sind heute die Betroffenen solcher Bewegungs-Politik. Heute wie damals sind Menschen unterwegs, unterwegs mit einer eigenen, unspezifischen Hoffnung. Die konkreten miesen, unwürdigen Lebensumstände sind der Stoff, aus dem die Träume, Sehnsüchte und Utopien geboren werden von dem „neuen Himmel und der neuen Erde" – oder doch zumindest von einem Stück Himmel auf Erden.

Es kann kein Zufall sein, dass zentrale Weg- und Wandergeschichten der Bibel Hoffnungsgeschichten sind, z. B. Israels Exodus aus der Sklaverei Ägyptens in die Freiheit des verheißenen Landes, Psalm 23 („… und ob ich schon wanderte im finstern Tal, fürchte ich kein Unglück"), Jes 2,1 ff. (Die Wallfahrt der Völker zum Zion), die Emmausjünger (Lk 24), der Kämmerer aus Äthiopien (Apg 8,26 ff. „und zog seine Straße fröhlich").

So gesehen wird auch „Bethlehem", wird das Kind, wird die „Straße nach Bethlehem" zur Metapher einer begründeten Hoffnung. Das Ziel des Weges: ein Stall. Der Hoffnungsträger: ein Kind. Gott wird Mensch! Um im Bild zu bleiben: Er wird Weggenosse der Niedrigen und Erniedrigten. Darum steht die Geburt des „Retters" und „Herrn" unter anrüchigen Zeichen: Kind – Windeln – Stall (Lk 2,12).

Bestätigt wird diese Analyse durch den bibelkundlichen Befund. Die lukanische Weihnachtsgeschichte gehört zum Sondergut des dritten Evangelisten. Das Sondergut des Lukas rechnet die Armen und Sünder, die Hungernden und Weinenden, die Zöllner, Hirten und Frauen zu den ersten und bevorzugten Adressaten des Heils.

Dazu passt gut der Esel als zentrales Symbol dieser Einheit. Er ist das Lasttier, das geduldig Maria mit dem Kind trägt, aber auch die Sorgenpäckchen der kleinen Leute auf sich nimmt. Am Ende wird der Esel den Messias nach Jerusalem hineintragen – zur Passion!

Die Sch gestalten im Laufe dieser Einheit

einen „Weihnachtsweg“. Dieser von Nazareth nach Bethlehem führende Weg entsteht parallel zum Fortgang der Einheit in Gruppenarbeit. Es wird empfohlen, diesen Weihnachtsweg nach Möglichkeit auf den Fensterbänken einzurichten. Auf diese Weise steht nicht nur hinreichend Raum zur Verfügung, sondern die Fenster können so zusätzlich gut als Kulisse genutzt werden.

Alternative: Mehrere Tische aneinanderstellen. *Bestandteile der Landschaft*, durch die der „Weg“ führt, können sein: Nazareth, Bethlehem, Dörfer unterwegs, Hügel, Weideflächen, Bäume, Sträucher, Felder, Hürden, Brunnen, Zelte, Wege, Wegweiser, Stall, Schafe, Ziegen.

Zur Landschaftsgestaltung
Sand, Kies, Steine, Rindenmulch, Torf, Moos, Stroh, kleine Aststücke, Kaninchenstreu oder Hobelspäne, kleine Tannenzapfen, Trockenblumen, Stoffreste, Wolle, Fell- und Lederreste, Knete, Ton oder Fimo, Bindfaden, Packband, kleine Joghurtbecher, Zweige (für Reisigbündel), Transparentpapier (Fensterkulissen), Buntpapier, kleine Kästchen (Sorgenpäckchen), Styropor (für Häuser), 7 Teelichter (je eins für jeden Wegabschnitt), 1 größere Kerze.

Zum Herstellen der Puppen
Papprollen (6–8 cm im Durchmesser, Höhe 20–30 cm) oder kleine Flaschen (1/2 l), Styroporkugeln (8–10 cm im Durchmesser), verschiedene Stoffreste, Wolle, Schafwolle, Korken, Fellreste, Watte, Pfeifenputzer, Klebstoff (auch Styroporkleber). – Die Puppen können an einem Eltern-Kinder-Bastelnachmittag hergestellt werden. Es werden folgende Personen benötigt: Maria, Josef, Hirten, Engel, Leute in Nazareth und Bethlehem.

In der Praxis hat sich gezeigt, dass die Religionsstunden allein zur Durchführung der Einheit nicht ausreichen. Für das Basteln und Einüben der Lieder ist eine Zusammenarbeit mit dem Kunst- und Musikunterricht unabdingbar.

Biblisch erzählen

Die Weggeschichte ist eine fiktive Erweiterung von Lk 2,1–7.16–20. Insofern wird hier nicht biblisch erzählt. Das sollte auch den Sch deutlich werden, z. B. durch eine einleitende Lesung der Weihnachtsgeschichte (Lk 2,1–20). Die Frage dieser Einheit heißt: Wie haben Josef und Maria das alles eigentlich erlebt? Die Wanderung? Die Geburt? Den Besuch der Hirten?

2. Kompetenzen und Ziele

Die Schülerinnen und Schüler
- können die Weihnachtsgeschichte des Lukas in Grundzügen nacherzählen (Sachkompetenz)
- können die Lebensumstände Marias und Josefs beschreiben (Sach- und kommunikative Kompetenz)
- können erläutern, wie es dazu kam, dass Maria und Josef sich auf den Weg machten (Sachkompetenz)
- können den Weg als „Adventsweg“ deuten – als Weg zum Kind in der Krippe (soziale und Deute-Kompetenz)
- können eigene Gedanken zu den Hoffnungen und Erwartungen äußern, die an das Kind in der Krippe geknüpft werden (Ich-Kompetenz)

3. Unterrichtsschritte

a. Maria und Josef und ihr Esel

Impulsbild
Esel 1; Gespräch über dieses „Lasttier“ der kleinen Leute – damals und zum Teil auch heute.

L: Dieser Esel lebt bei Maria und Josef in Nazareth. Er trägt für Josef das Holz, das in der Zimmermannswerkstatt benötigt wird, für

Maria die Einkäufe vom Markt. Er holt Heu und Stroh vom Feld und hilft bei der Ernte.

Lied
Lied vom Eselchen 2, Strophen 1–4

Weg
Die Kinder gestalten den ersten Teil des Weges: Bei Josef und Maria zu Hause

b. Josef und Maria brechen auf

L bringt ein Plakat mit (oder schreibt an die Tafel)

Der Kaiser Augustus befiehlt:
Jeder Mann muss in seine Heimatstadt gehen und sich in eine Steuerliste eintragen lassen!

L erzählt: Als Josef von der Ankündigung gehört hatte, ging er sorgenvoll nach Hause. Denn Maria war schwanger und Josef kam aus Bethlehem. Das war weit von Nazareth entfernt … (vgl. 2 in F, S. 88).

L entwickelt mit den Sch Ideen für den Gesprächsverlauf zwischen Maria und Josef. (Maria will mit. – Ist das nicht zu weit? – Und wenn das Kind geboren wird? – Kann sie denn laufen? – Der Esel könnte sie tragen …); die Sch üben zu zweit Dialoge und sprechen sie vor.

Lied
L und Sch planen die Reisevorbereitungen. Das Lied 2 liefert hierzu Stoff und Anregungen mit den Strophen 4 und 5.

Weg
Die Sch gestalten den zweiten Teil des Wegs: Maria und Josef brechen auf. Dem Esel werden Lasten aufgeladen (in zwei „Körben“ = kleine Joghurtbecher, „Fruchtzwerge“): Proviant, „Sorgenpäckchen“ (denn Maria hat viele Sorgen). L: Sie legt die Hände um ihren Bauch und betet zu Gott.

c. Maria und Josef unterwegs

L beginnt mit einer Fantasiereise 3. Danach Wiedereinstieg in die Weg-Geschichte: Maria und Josef rasten an einem Brunnen. Andere Reisende sind auch da. Sie teilen das Essen – und ihre Sorgen: die Steuern, der Kaiser, die Armut, die Römer … Dazu auch die Hoffnung: Ein Licht soll uns aufgehen, ein Retter soll uns geboren werden. Maria legt die Hände um ihren Bauch und lächelt.

Weg
Als Josef und Maria wieder aufbrechen, werden dem Esel noch mehr Sorgenpäckchen aufgebürdet … Die Kinder gestalten als dritten Teil die Brunnenszene.

d. Maria und Josef kümmern sich um einen Kranken

L nimmt einen Teil der vierten Weggestaltung vorweg, indem er einen Kranken neben dem Weg platziert. (Die Figur liegt, kann nicht aufstehen). Die Kinder treten der Reihe nach hinzu und sprechen Gedanken des Kranken aus.

Maria und Josef kommen mit ihrem Esel. Was können sie tun? Die Kinder entwickeln zu dritt kleine Gesprächsszenen zwischen Josef, Maria und dem Kranken.

Nach dem Vorspielen verschiedener Varianten (ideal: Josef und Maria laden den Kranken auf den Esel und nehmen ihn mit bis ins nächste Dorf) gibt L eine Zusatzinformation: Der Kranke erzählt von seiner großen Hoffnung: Ein Licht soll uns aufgehen, ein Heiler soll uns geboren werden. Maria legt ihre Hände um ihren Bauch und lächelt.

Weg
Gestaltung Teil 4; dem Esel werden weitere Sorgenpäckchen aufgeladen.

e. Maria und Josef begegnen Hirten

Maria und Josef kommen an Weiden vorbei, auf denen Hirten ihre Schafe weiden. Sie kommen ins Gespräch. Die Hirten erzählen von ihren Sorgen: Sie sind Außenseiter, haben kein Zuhause, keine Freunde, viel Verantwortung und wenig Lohn. Die Hirten erzählen auch von ihrer Hoffnung: Ein Licht soll uns aufgehen, ein guter Hirte soll uns geboren werden. Maria legt die Hände um ihren Bauch und lächelt.

L und Sch erinnern sich an das Bild vom guten Hirten (RU PRAKTISCH – 1. Schuljahr: F Schaf und Hirt – Gesucht sein): Was tut ein guter Hirte für seine Schafe? Was tut Gott für uns Menschen? Zur Auffrischung kann das Spiel „Schaf suchen" gespielt werden 4.

Weg
Gestaltung mit Schafen und Hirten; dem Esel werden weitere Sorgen aufgeladen.

f. Josef und Maria erreichen Bethlehem

Das Esel-Lied 5 fasst zusammen, was geschehen ist. Kurz vor dem Ziel kommt Strophe 6 hinzu.

L: Bethlehem ist eine geschäftige Stadt – mit vielen kleinen Häusern, vielen engen Gassen; es wimmelt von Menschen, denn viele kommen wie Josef und Maria nach Bethlehem, um sich in die Steuerlisten eintragen zu lassen.

Die Sch kennen vermutlich das Problem der Herbergssuche und können davon erzählen.

Ankunft im Stall – ein Ochse ist schon da; der Esel kommt. Wird entladen. Auch von den Sorgenpäckchen.

Weg
Sch gestalten die Stadt (z. B. Papphäuser an den Vorhang heften), den Stall. Die Sorgenpäckchen kommen alle unter die Krippe bzw. darum herum.

g. Jesus wird geboren

L: Maria und Josef sind am Ziel. Aber was ist jetzt mit dem Kind? – In dieser Nacht wird es geboren (legt das Kind in die Krippe, stellt eine Kerze hinzu). Auf einmal ist alles viel heller.

Das Licht scheint in der Dunkelheit und die Hirten kommen. „Unsere Hoffnung hat sich erfüllt! Ein Engel hat es uns gesagt: Das neue Licht ist aufgegangen, der gute Hirte ist geboren!"

Weg
Krippengestaltung. Wichtig: Der helle Stern – und ringsum so viele Sterne, wie die Kinder Hoffnungen benennen können.

Josefs und Marias Esel

Eselchen, mein Eselchen

Text: B. Cratzius, Melodie: H. Beuerle

2 Eselchen, mein Eselchen, lang sind deine Ohren.
Und du bist doch erst im Sommer hier im Stall geboren.

3 Eselchen, mein Eselchen, du schreist schon ganz heiser.
Komm, ich kraule deine Mähne, nun ia doch leiser!

4 Hast schon feste kleine Hufe, schlägst nach allen Seiten.
Nur Maria, deine Herrin, lässt du auf dir reiten.

5 Josef packt schon schwere Bündel, wickelt deine Beine.
Du wirst die Maria tragen, über Sand und Steine.

6 Trag sie sanft, du Eselchen, spitz die klugen Ohren.
Bald wird unser Jesulein in dem Stall geboren.

3 Fantasiereise eines Packesels

Stell dir vor: Du wanderst. Anfangs bist du noch ganz frisch. Rasch und zügig läufst du voran. Sand unter deinen Füßen. Auch Steine. Manchmal drückt es. Du trägst nicht nur dein eigenes Gewicht. Du trägst auch noch Lasten. Die Sorgen der Menschen, die du lieb hast. Auch ihre Vorräte. Und ihre Hoffnungen. Du trägst sie gern. Du trägst sie leicht.

Aber der Weg will nicht enden. Weiter und weiter musst du wandern. Die Steine werden spitzer. Die Sonne brennt. Am Morgen ist sie sanft zu dir gewesen. Nun aber, am Mittag, ist sie hart und heiß. Sie lässt deine Zunge vertrocknen, deine Lippen, deine Kehle.

Da, horch: Ein paar Schritte weiter – plätschert da nicht Wasser? Du läufst wieder schneller. Obwohl du gar nicht mehr frisch bist. Du läufst mit letzter Kraft. Mit neuer Hoffnung. Da vorn ist ein Brunnen. Du riechst schon das Wasser. Und deine Zunge kann es schon schmecken …

4 Spiel: Schaf suchen

Ihr spielt zu zweit. Jeder erhält zwei „Wiesen" mit 6 x 6 Kästchen. Keiner darf die „Wiesen" des anderen sehen. In einen der Spielpläne zeichnet ihr ein Kreuz in eines der Kästchen, da hat sich euer Schaf versteckt. In alle Kästchen, die direkt angrenzen, malt ihr ein „M".

Nun versucht ihr immer abwechselnd zu raten, wo das Schaf eures Partners steckt, indem ihr den Ort mit zwei Angaben beschreibt, z. B.: Unter dem Baum an der Höhle – das wäre das erste Feld links oben. Oder: Es frisst gerade die Distel am Felsen …

Das Spiel ist zu Ende, wenn einer das Schaf des anderen gefunden hat. Kommt er in die Nähe, also dort, wo ein „M" steht, so muss der Partner mit „Määääh" antworten.

	Baum	Strauch	Blume	Distel	Kiesel	Heu
Höhle						
Stall						
Wiese						
Bach						
Felsen						
Weg						

H Passion: Einen schweren Weg gehen

1. Theologische und didaktische Aspekte

Keine andere Tradition innerhalb der Evangelien ist so breit bezeugt und weist, relativ gesehen, eine so hohe Geschlossenheit und Übereinstimmung zwischen den drei bzw. vier Evangelien auf wie die Passionsgeschichte. Ihr Anteil am Gesamtaufriss der Evangelien ist überproportional. Das gilt insbesondere für Markus als das älteste Evangelium, auf den sich die folgenden Überlegungen vorrangig beziehen.

Für Markus sind Leiden und Sterben Jesu nicht nur die theologische Mitte seines Evangeliums, sondern auch der hermeneutische Schlüssel zum Verständnis des *Gesamt*evangeliums. Markus deutet Jesus so, dass sich erst in (und letztlich nur von) seinem Tod erschließt, wer er wirklich ist: Sohn Gottes. Diesen theologischen Gedanken sichert Markus durch verschiedene redaktionelle Stilmittel ab: die mehrmalige Leidensankündigung (Mk 8,31; 9,31; 10,33); den viermal referierten Beschluss des Hohen Rats, Jesus zu beseitigen (Mk 3,6; 11,18; 12,12;14,1 f.); das „Messiasgeheimnis": Erst als Leidender und Sterbender wird Jesus als der Messias, als der Christus, offenbar.

Die theologische Forschung hat herausgearbeitet, dass wesentliche Teile der Passionsgeschichte älter als das Markusevangelium sind; zum Grundbestand gehörten schon Gefangennahme, Verurteilung, Pilatus, die Abführung zum Kreuz und die Kreuzigung. In einem komplizierten Prozess ist dieser Überlieferungskomplex durch andere Traditionen erweitert worden, z. B. durch 14,3–9 (Salbung in Bethanien), 14,22–25 (Das letzte Mahl Jesu), 14,66–72 (Die Verleugnung des Petrus). Trotz einer gewissen Chronologie im Ablauf der letzten Stunden Jesu bietet Markus keinen protokollarischen Bericht, sondern eine theologische *Deutung* der Passionsereignisse. Dazu dienen vor allem die Zitate aus dem AT, insbesondere aus den Leidenspsalmen (vgl. Mk 15,23 mit Ps 69,22; Mk 15,24 mit Ps 22,19; Mk 15,29 mit Ps 22,8; Mk 15,27 mit Jes 53,12; Mk 15,34 mit Ps 22,2). Damit ist der Kreuzestod Jesu kein zufälliges, sinnloses Schicksal mehr, das Jesu Messianität widerlegt, sondern Bestätigung der Schriftgemäßheit seines Weges und seiner Würde als Sohn Gottes. In der Verlassenheit und Tiefe der Passion Jesu zeigt sich Gott dieser Welt.

Einzelhinweise

Fußwaschung (Joh 13,1 ff.)
Diese entstammt nicht der markinischen, sondern der Johannestradition. Die Fußwaschung, ein vor der Mahlzeit üblicher Brauch, ist Sklavendienst (vgl. 1 Mose 18,4). Hier, im Rahmen des Abschiedsmahls, wird sie zur Zeichenhandlung, die auf die bevorstehende Erniedrigung bis zum Tode und Jesu Liebe „bis zum Ende" (13,1) vorausweist. In ihr realisiert sich die Gemeinschaft mit Jesus, dem Herrn, der zum Knecht wird, und die Gemeinschaft der Jünger untereinander, letztlich also die Konstituierung der Gemeinde.

Das Abendmahl (Mk 14,17 ff.)
„Das jüdische Passafest wurde im Rahmen einer häuslichen Festmahlzeit zum Gedächtnis der Nacht des Auszuges Israels aus Ägypten begangen (2 Mose 12). Die in Jerusalem anwesenden Pilger taten sich zu Mahlgemeinschaften zusammen und suchten sich innerhalb des Stadtbezirkes einen Raum zur Feier, der ihnen von den Jerusalemern gestellt werden musste. Das Passalamm wurde am Nachmittag des 14. Nisan (März–April) geschlachtet, die Mahlzeit selbst begann abends nach Anbruch des 15. Nisan. Zum festgelegten Ritus gehört das Essen von eigens dazu gebackenem ungesäuertem Brot (Mazzen) und mehrfaches gemeinsames Trinken aus einem Becher mit Rotwein. Bei beidem hatte der Hausvater den Segen sowie eine kurze Deutung zu sprechen. Mit dem Morgen des 15. Nisan begann dann das ‚Fest der Ungesäuerten Brote'. Beide Feste gehen ineinander über.

Nach der einleitenden Erzählung V.12–16 ist Jesu letztes Mahl ein Passamahl gewesen. Jesus stellt es von sich aus unter das besondere Zeichen des bevorstehenden Verrates durch einen seiner zwölf Tischgenossen (V. 17–21) und damit seines gewaltsamen Todes. Aber eben dieser Tod wird den neuen Gottesbund begründen, den Gott an die Stelle des einst auf dem Sinai geschlossenen Bundes mit Israel (2 Mose 24) setzen wird.

So setzt Jesus an die Stelle der jüdischen Passadeutung eine neue Deutung der alten Elemente des Passamahles: Brot und Becher repräsentieren jetzt ihn selbst, der sein Leben für sie hingibt und durch sein stellvertretendes Selbstopfer den Heilsbund Gottes, der durch die Sünder zerbrochen ist, nicht nur für Israel, sondern für die Vielheit der Völker neu begründet. Die Worte V. 22–24 stammen aus der urchristlichen Abendmahlsliturgie (vgl. 1 Kor 11,23–25). Es ist möglich, dass der ganze Passionsbericht, in dessen Rahmen hier vom letzten Mahl Jesu erzählt wird, im Zusammenhang der Abendmahlsliturgie rezitiert worden ist." (U. Wilckens, Das Neue Testament übersetzt und kommentiert, Zürich u. a. 1980, S. 186 f.)

Gethsemane (Mk 14,32 ff.)
Drei Schwerpunkte charakterisieren die Perikope in Gethsemane: die Betonung der Menschlichkeit, die sich in „Schrecken und Angst" (V. 33), der Erfahrung der Einsamkeit und der zweimaligen Bitte um Verschonung (V. 35.36) manifestiert; die Offenbarung des Gottessohnes in der Passion: In Analogie zu Mk 9,2 ff. (Verklärung) werden mit Petrus, Jakobus und Johannes dieselben Jünger zu Zeugen bestimmt, diesmal zum Bezeugen der Kreatürlichkeit und tiefsten Erniedrigung. Die bevorstehende Auslieferung des Menschensohns in die Hände der Häscher ist Beginn des endzeitlichen Gerichts. Und schließlich: Die Kontrastierung des wachen, betenden Jesus und der schlafenden Jünger. In Mk 4,35 ff. (Sturmstillung) sind die Rollen vertauscht!

Der Prozess (Mk 14,53 ff.)
Die Verhandlung vor dem Hohen Rat wirft viele Fragen auf: War der jüdische Gerichtshof zur Zeit Jesu überhaupt befugt, in Fällen von Religionsvergehen Todesurteile zu fällen? Und dann: Für Gotteslästerung sieht das jüdische Gesetz die Steinigung vor (Lev 24,16; Num 15,30). Im Prozess hingegen wird die Inanspruchnahme des Messias-Titels durch Jesus als Gotteslästerung, d. h. als todeswürdiges Verbrechen ausgelegt, was jüdischem Recht widerspricht. Unverständlich ist schließlich die Überstellung Jesu unter politischer Anklage an den römischen Präfekten Pontius Pilatus, der ihn aus populistischen Motiven zum Tode verurteilt (15,15). – Für Markus stehen eindeutig nicht die historischen Zusammenhänge im Vordergrund (von denen er ggf. nur unzureichende Kenntnis hatte), sondern deren theologische Deutung. Die hat zweifelsfrei ihren Höhepunkt in 14,61 f.; Jesus

bekennt sich öffentlich als Messias und Gottessohn!

Die Kreuzigung (Mk 15,20 ff.)
Hinrichtung durch Kreuzigung ist eine römische Todesstrafe, die diese vermutlich über die Punier von den Persern übernommen haben. Sie wurde an Sklaven, in der Kaiserzeit auch an Freigelassenen vollzogen, nie aber an römischen Bürgern. Die Kreuzigung wurde bei Schwerverbrechen wie Hochverrat, Aufruhr, Fahnenflucht, Tempelraub verhängt. Jesus wurde zur Kreuzigung vor die Stadt geführt, wobei das „Hinausführen" (V. 20) im Sinne der Ausstoßung aus der Volksgemeinschaft gemeint ist.

Der zum Tode Verurteilte musste, zumindest zeitweilig, den Querbalken des Kreuzes selbst zur Hinrichtungsstätte tragen, wo der Kreuzespfahl bereits in den Boden eingerammt war. Man nagelte den Hinzurichtenden mit ausgebreiteten Armen an das Querholz und befestigte dieses auf dem Längsbalken. Die Füße wurden angebunden oder angenagelt. Der qualvolle Tod erfolgte meist erst nach Tagen durch Durst, Erschöpfung und Kreislaufkollaps.

Doch nicht in den körperlichen Schmerzen realisiert sich die eigentliche Passion Jesu, sondern in seiner Verwerfung. Nach Dtn 21,23 (vgl. Gal 5,11; 1 Kor 1,23) gilt ein „Aufgehängter" als „von Gott verflucht"! – Die üblicherweise zu Häupten eines Verbrechers angebrachte Tafel mit der Schuldangabe wird bei Jesus ungewollt zum öffentlichen Messiasbekenntnis: „König der Juden!"

Vorgänge und Bedeutung der Passion Schülern eines zweiten Schuljahres zu erschließen, stellt vor besondere Schwierigkeiten, die ein behutsames Vorgehen bedingen. Viele historische und theologische Zusammenhänge sind in dieser Altersstufe noch nicht vermittelbar. Andererseits kann ein für den Glauben so zentraler Gegenstand nicht einfach ausgespart werden.

Der nachstehende Entwurf konzentriert sich im Anschluss an eine Wiederholung der Geschichte vom Einzug auf vier Schwerpunkte:
- Fußwaschung und Abendmahl
- Gebet und Gefangennahme
- Verleugnung
- Verurteilung und Tod

Fußwaschung und Verleugnung als wichtige Schaltstellen zum Verständnis der Passion werden besonders gewürdigt. Verurteilung und Kreuzigung werden hingegen äußerst zurückhaltend und auf das hier zum Verständnis unabdingbar Notwendige reduziert dargeboten.
Die Sch lernen auf diese Weise nicht nur wichtige Stationen der Leidensgeschichte Jesu kennen; sie vollziehen sie in Form eines Weges nach, der sukzessiv parallel zum Fortgang der Erzählung gemeinsam gestaltet wird. Das Motiv des „Weges" wird nach Ostern methodisch wieder aufgenommen (s. Baustein I), der Weg zum Tode findet seine Fortsetzung im Weg zum Leben.

Biblisch erzählen

Wir sind in der glücklichen Lage, die Passionsgeschichte im Licht der Ostersonne erzählen zu können, was gerade für junge Kinder sehr wichtig und tröstlich ist. Wir können das Positive hervorheben: Dass Jesus seinen Jüngern ein Zeichen gab (Fußwaschung), Orientierung für ihr weiteres, dann *christliches* Leben, dass er Gewalt ablehnte, selbst als es hart auf hart kam (Verhaftung), dass er Petrus verzieh, schon bevor der ihn im Stich ließ (Verleugnung), dass er im Tod als Christus erkannt wurde (Tod) – das sind Hoffnungsstrahlen, die von Ostern her scheinen. Wir können sie stark machen, wenn wir aus der Warte des nachösterlichen Evangelisten Markus (bzw. Johannes) erzählen.

2. Kompetenzen und Ziele

Die Schülerinnen und Schüler
- können Stationen des Passionsweges gestalten bzw. beschreiben (Sachkompetenz)
- können Abendmahl und Fußwaschung als Symbolhandlung deuten (Deute-Kompetenz)
- können an Beispielen verdeutlichen, dass Gewalt und Gegengewalt nicht zum Frieden führen (Sozialkompetenz)
- können Beweggründe und Gefühle des Petrus vor und nach der Verleugnung nachfühlen und schildern (Ich-Kompetenz, kommunikative Kompetenz)
- können mit eigenen Worten ausführen, was der Hauptmann nach Jesu Tod über Jesus gedacht hat (Ich-Kompetenz, religiöse Deute-Kompetenz)

3. Unterrichtsschritte

Material
Tisch oder breite Fensterbank (dazu Plastikfolie zum Abdecken) oder Sand-Spieltisch – Blumenerde oder Mulch – Sand oder Sägespäne – Kieselsteine – Palmzweig und/oder Stoffstück – Betende Hände (1, aus Pappe ausgeschnitten, an Zahnstocher geklebt) – Stück Seil – kleine Münzen – Hahn (2, aus Pappe ausgeschnitten, an Zahnstocher geklebt) – Stacheldraht oder Dornenzweig – Aststückchen und Draht – Samen der Glockenrebe (ersatzweise Bohnensamen).

Alles sollte zu Beginn der Einheit sichtbar für die Sch bereitliegen.

a. Der Einzug Jesu in Jerusalem

Zu den ausgelegten Materialien erklärt L: „In den nächsten Religionsstunden wollen wir uns von den Männern, die die Evangelien aufgeschrieben haben, erzählen lassen, was Jesus in den letzten Tagen vor seinem Tod erlebt hat – so, wie sie sich daran nach Ostern erinnerten. Dazu will ich mit euch gemeinsam einen Weg gestalten – den Weg zum Kreuz.

Weg
Die Sch gestalten mit Erde, Steinen, Sand einen Weg auf dem Tisch, etwa wie ein „W“ (vgl. 3). – L zeigt auf den Anfang des Wegs: „Hier ist die erste Station …“

Wiederholung
Das Bild 4 und/oder das Bild von Kees de Koort (RU PRAKTISCH – 1. Schuljahr, S. 107 f.) soll die Sch an die Geschichte vom Einzug erinnern (Haftpunkte: Esel, Palmenwedel, Hosianna!): Menschen jubeln, schwenken Palmzweige. / Jesus auf einem Esel. Er grüßt. / Viele Menschen lieben Jesus. Er hat viel Gutes getan. Er hat von Gott geredet. Sodass Gott auf einmal ganz nahe war. / Es gibt andere, die sich nicht freuen. Ihnen ist Jesus unheimlich. Sie wünschen ihn weg.

Weg
Die Sch überlegen gemeinsam, welches Zeichen sie auf den Anfang des Weges legen wollen, um sich an die Geschichte vom Einzug Jesu in Jerusalem zu erinnern.

b. Abendmahl

L: „Als Markus die Geschichte vom Einzug Jesu in Jerusalem aufschrieb, wusste er natürlich schon, wie die Sache ausgegangen war. Er wusste, dass der Weg Jesus zum Kreuz führte. Und vom Kreuz zum Ewigen Leben. Und weil er das wusste, wurden ihm alle Begebenheiten, die zwischen Jesu Einzug in Jerusalem und der Kreuzigung geschahen, ganz, ganz wichtig. Denn Jesus, dachte Markus, Jesus hat es auch gewusst, was mit ihm passieren würde …“

Da war zum Beispiel diese Sache mit dem letzten gemeinsamen Abendessen … (L erzählt mit 5).

Weg
Ein Kelch (Becher) und ein Teller werden modelliert (aus Ton oder Knetgummi); als Miniaturausgabe kennzeichnen Kelch und Teller auch die zweite Station des Passionsweges.

c. Fußwaschung

Weg
Rückkehr zu Kelch und Teller. L legt noch eine Schüssel und einen Fetzen Tuch dazu.

Wiederholung
Wer hat uns von dem Abschiedsmahl erzählt? – Es gab aber auch noch andere Geschichten von Jesu letztem Mahl. Später als Markus hat Johannes aufgeschrieben, was vor dem Essen geschah … (L erzählt mit 6).

Interview mit Johannes
Herr Johannes, warum haben Sie das aufgeschrieben? Und was wollten Sie uns damit überliefern? … (Jedes Kind darf mal Johannes sein; die Fragen stellt zunächst L, später auch freiwillige Sch). Es kommt darauf an, die besondere Erzählintention des Johannes herauszuarbeiten.

d. Verrat – Gebet – Gefangennahme

Weg
Rückkehr zum Weg, zu Schüssel und Tuch, Kelch und Teller: L: „Markus hat aber nicht nur erzählt, wie Jesus Brot und Wein ausgeteilt hat. Er hat seine Jünger vorbereitet auf das, was mit ihm geschehen würde. Besonders den Petrus. Und Judas. Denn dieser Jünger hatte heimliche Pläne …"

Gespräch über Petrus
Was haben die Jünger erlebt, seitdem Jesus ihnen zugerufen hat: „Kommt mit mir. Ihr sollt euch um Menschen kümmern"?

L nimmt den Faden auf und erzählt mit 7 – bis zum Hinausgehen in den Garten.

Gespräch über das Beten
Theologisieren mit Kindern: Beten – wie geht das? Beten – was bringt das? Beten – was hat Jesus davon?

Gespräch über Judas
L erzählt weiter mit 8; Sch sprechen über Judas' Motive und über Jesu Verzicht auf den Kampf.

Weg
Die Sch gestalten den Garten – mit den betenden Händen 1; als Symbol für die Gefangennahme dient das Stück Strick; evtl. legen sie auch die Münzen hinzu, Hinweis auf den Verrat des Judas.

e. Verleugnung

Das Symbol der Verleugnungsszene soll der Hahn sein. Daher wäre es einprägsam, wenn L einen Hahnenschrei für den folgenden Unterrichtsvorschlag bereithalten könnte, z. B. als Handy-Klingelton.

Impuls
„Wer war das?", schreibt L in großen Lettern an die Tafel. Spontangespräch über Erfahrungen mit diesem Satz; Beispiele für Missetaten, die keiner zugeben will; mündet in die Frage: Wie fühlt sich das an, wenn man aufsteht und sagt: „Ich, ich war das"?

Wie fühlt sich das an, wenn man's war – und nicht aufsteht und sagt: „Ich war's"?

Erzählung und Gespräch
L erzählt von Petrus' „Ich war's nicht" 9. Was ist so wie in unseren Beispielen? Was ist anders?

Doppeln
„Petrus" sitzt in der Mitte des Sitzkreises. Zunächst wartend auf einer Bank. L erzählt den Anfang von 9 noch einmal. Bricht ab, bevor Petrus das erste Mal leugnet. Einzelne Sch treten zu „Petrus", legen ihm die Hand

auf die Schulter und sagen, was er denkt. (Hahnenschrei einspielen, wenn möglich). Ebenso vor dem zweiten und dem dritten Leugnen.

Nach dem dritten Leugnen – Hahnenschrei. Petrus sitzt wieder da, traurig, verzweifelt. Und wieder treten einzelne Sch vor, legen ihm die Hand auf die Schulter und sagen, was er denkt.

Im zweiten Durchgang spenden sie ihm Trost (z. B. Jesus hat dich trotzdem lieb …)

Vertiefung, Lösung
L erzählt den Inhalt eines Werbespots (anzuschauen auf „You tube“: Stichwörter „Dinosaurier“ und „Versicherung“ eingeben): Besuch einer Klasse im Naturkundemuseum. Das größte Dinosaurierskelett der Welt ist dort aufgebaut. Ein Schüler berührt staunend einen der Füße. Das ganze Skelett bricht zusammen. Lehrerin: Wer war das? Betretenes Schweigen. Dann heben alle Schüler einen der umherliegenden Knochen auf und melden sich … Anders als das Einzelbekenntnis: Solidarität macht stark! (vgl. 10) Wenn die Jünger zusammengehalten hätten …/Und genau das tun sie später!)

f. Verurteilung und Tod

Weg
Der Weg wird zunächst zur Wiederholung eingesetzt. L spielt noch einmal den Hahnenschrei vor; die Sch erzählen von Petrus und was es mit dem Hahn auf sich hatte. L zeigt Fotos von Kirchtürmen mit Hahn. Die Sch entdecken den Zusammenhang. Als nächste Station wird dem Weg der Hahn 2 beigefügt.

Erzählung und Gespräch
L: „Wie haben die Menschen Jesus genannt?“ – König, Hirte, Heiler, Gottes Sohn. Markus erzählt: Deshalb wurde er angeklagt und verurteilt. Die Römer hatten Angst vor einem neuen König. Die Priester und Schriftgelehrten sagten: Er beleidigt Gott. – Ihr werdet gleich erfahren, was Markus von Jesu Ende berichtet. Achtet darauf, wie die Menschen ihn nennen …“ (Weiter mit 11)

Weg
Sch stellen die letzten beiden Stationen des Passionswegs her – mit Stacheldraht und Dornenzweig als Krone, mit zwei zusammengebundenen Stöckchen als Kreuz.

Wiederholung
Sch erhalten das Arbeitsblatt mit dem Passionsweg 3, tragen die Symbole ein und beschriften die einzelnen Stationen.

Vorbereitung auf I Ostern
Jesus lebt und schenkt Leben
Die Sch säen noch vor den Osterferien einige Samen der Glockenrebe um das Kreuz. L deutet den Vorgang: „Die Jünger sind traurig. Sie begraben ihre Hoffnungen, so wie wir hier die Samenkörner in die Erde gesenkt haben …“

Nach den Osterferien soll das veränderte Kreuz – grüne Pflanzen umgeben es – betrachtet werden. Die Glockenrebe (Cobaea scandens) eignet sich für dieses Vorhaben besonders gut, da die Samen eine lange Keimdauer haben (14 bis 20 Tage), in dieser Zeit nur zwei- oder dreimal gegossen werden müssen und die Pflanzen kräftige Stängel bilden. Die besäte Erde sollte jedoch nicht in der prallen Sonne stehen.

Betende Hände

Hahn

Der Passionsweg

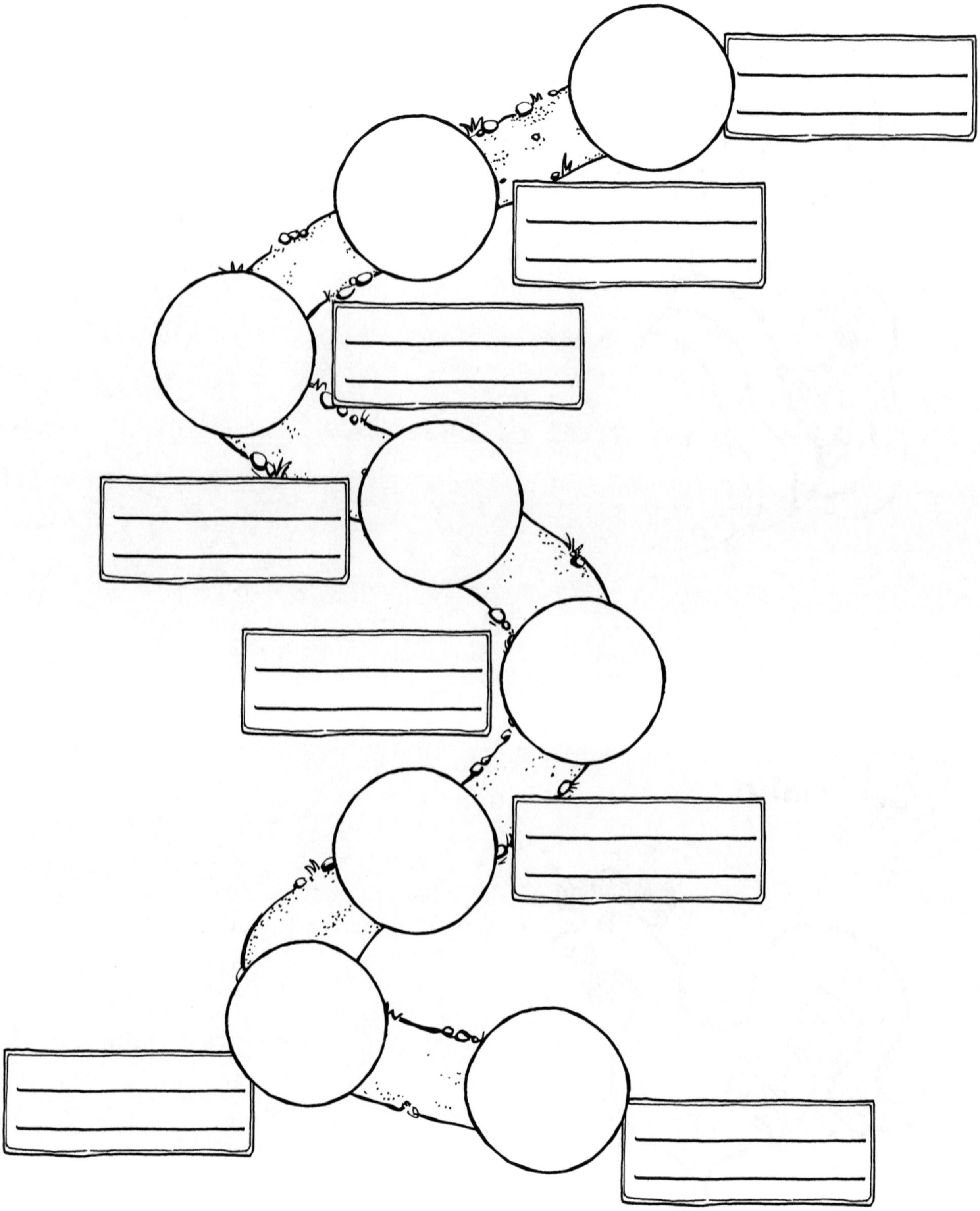

Der Einzug in Jerusalem

Erzählwerkstatt „Jesus und die Jünger feiern das Abendmahl"

Einstimmung

Nun ist Jesus in Jerusalem. Die Jünger sind bei ihm. Es ist kurz vor dem jüdischen Passafest. Am Abend essen die Menschen mit ihren Familien und Freunden ein besonderes Mahl. Auch Jesus und die Jünger bereiten sich auf das Passamahl vor …

Und Markus betont das Besondere …

Szene 1

Die Jünger weisen Jesus darauf hin, dass sie keinen Raum haben, um das Mahl zu feiern. Jesus sagt, sie sollen in die Stadt gehen. Dort werden sie einem Mann begegnen, der einen Krug Wasser auf dem Kopf trägt. Den sollen sie fragen, wo ihr Meister sein Passamahl feiern kann. Und er wird ihnen einen Raum in seinem Haus geben.

Szene 2

Und so geschieht es (= das erste Wunderbare! Markus sagt: Jesus hat es vorhergesehen). Und die Jünger bereiten das Mahl vor.

Szene 3

Jesus und seine Jünger sitzen zu Tisch. Jesus sagt: „Ich esse zum letzten Mal mit euch zusammen. Und dann erst wieder in Gottes Reich." Er bricht das Brot und segnet es und dankt Gott dafür. Und sagt: „Ich bin in diesem Brot." Und er nimmt den Kelch mit dem Wein und dankt Gott und spricht: „Ich bin in diesem Wein." Und er sagt: „Wenn ich nicht mehr so wie jetzt bei euch bin, dann sollt ihr feiern genauso wie jetzt, mit Brot und Wein – und dann bin ich mitten unter euch." (= das zweite Wunderbare! Markus sagt: Jesus hat das Sakrament des Abendmahls gespendet, das Christen seitdem im Gottesdienst feiern.)

Erzählwerkstatt „Jesus wäscht seinen Jüngern die Füße"

Einstimmung
Nun ist Jesus in Jerusalem. Die Jünger sind bei ihm. Es ist kurz vor dem jüdischen Passafest. Am Abend essen die Menschen mit ihren Familien und Freunden ein besonderes Mahl. Auch Jesus und die Jünger bereiten sich auf das Passamahl vor …

Und Johannes erzählt noch eine Geschichte vor der Geschichte …

Szene 1
Jesus und seine Jünger sitzen zu Tisch. Alles ist bereit, das Lamm, das Brot, der Wein. Aber Jesus steht noch einmal auf. Er nimmt eine Schüssel Wasser und wirft sich ein Handtuch über die Schulter. Andreas stößt Johannes an: „Was hat er vor?" Johannes: „Ich glaube fast, er will uns die Füße waschen …" Aber das ist Sklavendienst. Dass das der Meister tut, ist vollkommen ungehörig.

Szene 2
Jesus beginnt und wäscht seinen Jüngern die Füße. Sie sagen nichts dazu. Sie sind starr vor Staunen. Bis er zu Petrus kommt. Petrus wehrt ihn ab. „Wo kommen wir da hin? Ich lasse mir von dir nicht die Füße waschen!" Jesus sieht ihn an. „Wenn ich dir nicht die Füße wasche, kannst du nicht zu mir gehören." Petrus: „Oh, wenn das so ist … dann wasch mir auch die Hände und den Kopf." Jesus lächelt. „Die Füße sind genug."

Szene 3
Jesus setzt sich. „Wisst ihr, warum ich das getan habe?" Die Jünger schütteln die Köpfe. „Ich habe euch ein Zeichen gegeben. So soll es sein unter Menschen, die zu Christus gehören: Ihr sollt euch lieben und ihr sollt euch Liebesdienste tun."

Erzählwerkstatt „Jesus bereitet Petrus und Judas auf das vor, was sie tun werden“

Einstimmung
Jesus und seine Jünger sitzen zu Tisch. Es ist alles anders als sonst. Schatten liegen auf den Gesichtern. Sie sind unruhig und traurig.

Markus betont, dass Jesus alles vorher gewusst hat – und dass er es geschehen ließ.

Szene 1
Jesus sieht seine Jünger an. „Ihr seid mir alle so lieb. Und doch ist einer bei euch, der wird mich verraten.“ Die Jünger erschrecken. Judas zuckt zusammen. Es stimmt. Judas hat mit den Hohepriestern geredet. Und ihnen versprochen, dass er sie zu Jesus führt, damit sie ihn im Stillen verhaften können. Wie kann Jesus das wissen?

Szene 2
Petrus setzt sich kerzengerade hin. „Herr“, sagt er. „Wer sollte so etwas tun? Also ich jedenfalls, was mich betrifft – ich niemals. Ich stehe felsenfest zu dir.“ „Felsenfest, Petrus?“ Jesus lächelt. „So fest nun auch wieder nicht.“ Dann sagt er ihm, was er weiß: „Bevor morgen früh der Hahn zweimal kräht, wirst du mich dreimal verleugnet haben.“

Szene 3
Bevor sie weiterreden können, hebt Jesus die Hand. „Ich möchte in den Garten gehen und beten.“ Er nimmt Petrus und Johannes mit. Er will nicht ganz allein sein. Er kniet sich hin, ein paar Schritte von den beiden Jüngern entfernt. „Vater“, betet er, „ich habe Angst. Ich weiß, ich muss sterben. Aber am liebsten würde ich fliehen.“

Erzählwerkstatt „Die Soldaten verhaften Jesus und er wehrt sich nicht"

Einstimmung
Jesus ist in den Garten gegangen. Er betet. Bei ihm sind Petrus und Johannes. Die anderen Jünger warten in der Nähe.

Markus will betonen: Jesus will nun auf sich nehmen, was mit ihm geschehen wird.

Szene 1
Jesus steht auf. Petrus und Johannes schlafen. „Kommt", sagt Jesus. „Es ist so weit. Die Soldaten kommen." Die Jünger sehen die Soldaten kommen. Bei ihnen ist Judas, einer der Jünger. „Was macht er da? Wieso kommt er mit Soldaten?"

Szene 2
Judas geht auf Jesus zu und küsst ihn. Das ist eine freundliche Begrüßung. In dieser Nacht aber ist es das verabredete Zeichen: „Dieser ist Jesus. Schnappt ihn!"

Matthäus erzählt nach Markus, dass Judas Geld für seinen Verrat bekommen hat. Und dass es ihm hinterher leid tat und er das Geld zurückgeben wollte. Aber da war es zu spät.

Szene 3
Die Soldaten fesseln Jesus. Die Jünger sehen zu. Aber einer zieht sein Schwert. „Wir müssen unseren Herrn doch verteidigen!" Jesus schüttelt den Kopf. „Keine Gewalt", sagt er. „Die anderen mögen Gewalt anwenden. Wir nicht." Die Soldaten bringen Jesus zum Hohepriester.

Erzählwerkstatt „Petrus kann sich nicht zu Jesus bekennen“

Einstimmung
Jesus ist verhaftet worden. Petrus ist den Soldaten nachgeschlichen. Nun wartet er im Hof des Hohepriesters ab, was geschieht. Wie er gesagt hat: „Ich stehe felsenfest zu dir.“

Markus erzählt: So schlimm war das alles, dass auch der starke Petrus schwach wurde. Jesus hat es vorher gewusst, Petrus muss es erst lernen.

Szene 1
Im Hof sind noch mehr Leute, auch eine Magd des Hohenpriesters. Die spricht Petrus an. „Dich kenne ich. Du bist einer von Jesu Freunden.“ Petrus springt erschrocken auf. „Nein, das bin ich nicht.“ Er weicht zurück in den Vorhof. Da kräht zum ersten Mal der Hahn.

Szene 2
Die Magd kommt ihm nach. „Aber sicher bist du das! Ich habe dich mit ihm gesehen.“ Und Petrus wird wütend. „Sei doch still! Ich weiß nicht, was du da redest!“

Szene 3
Andere mischen sich ein. „Du bist aus Galiläa wie Jesus. Wir erkennen es an deiner Sprache!“ Petrus hebt die Hand. „Ihr irrt euch. Ich schwöre: Ich will verloren sein, wenn ich ihn kenne.“ Da kräht zum zweiten Mal der Hahn. Und Petrus erinnert sich. Er denkt an Jesu Worte. Und er läuft fort, verbirgt sich und weint.

Eine starke Gemeinschaft

Erzählwerkstatt „Jesus wird verurteilt und gekreuzigt"

Einstimmung
Jesus wird verhört. Vom Hohepriester. Dann von Pilatus, dem römischen Stadthalter.

Szene 1
„Bist du Gottes Sohn?", fragt der Hohepriester. Jesus sagt: „Ich bin's." Da erschrickt der Hohepriester. Er zerreißt seine Kleider und schreit: „Welch eine Gotteslästerung! Er muss sterben." Er schickt Jesus zu Pilatus, dem römischen Statthalter. Denn nur der hat die Macht, Todesurteile zu erlassen.

Szene 2
„Bist du der neue König der Juden?", fragt Pilatus. Jesus sagt: „Wenn du es sagst." Pilatus ist ratlos. Er findet keine Beweise gegen Jesus. Er weiß nicht, warum er Jesus verurteilen soll. Aber der Hohepriester besteht darauf.

Pilatus hat Jesus den Soldaten übergeben. Sie schlagen ihn und verspotten ihn. „König der Juden?" Das verstehen sie nicht. Jesus ist schwach und wehrlos. Wie kann man ihn König nennen? Sie machen ihm eine Krone aus Dornen und hängen ihm ein rotes Tuch als Königsmantel um. „König der Juden – wie lachhaft!"

Szene 3
Viel Volk hat sich versammelt. Sie wissen, dass Pilatus Gericht hält. Sie wollen erfahren, was geschieht. Pilatus lässt Jesus herausbringen. Er zeigt ihn dem Volk. „Hier", ruft er, „seht: euer König!" Aber das Volk ruft: „Kreuzige, kreuzige ihn!" Da spricht Pilatus das Urteil.

Szene 4
Es ist geschehen. Sie haben Jesus ans Kreuz geschlagen, draußen vor der Stadt. Auf dem Hügel Golgatha. Er hat Schmerzen gehabt. Er hat Durst gehabt. Er ist einsam gewesen. Die Menschen haben den Kopf geschüttelt. Warum hilft er sich nicht? Dann ist er gestorben. Und ein Hauptmann der Wache sagt: „Dieser ist wahrhaftig Gottes Sohn gewesen."

Markus will sagen: Dieser Hauptmann, der wusste noch nichts von Ostern. Aber er hat erkannt, wer Jesus wirklich ist. Mehr als ein König. Gottes Sohn.

Ostern: Jesus lebt und schenkt Leben

1. Theologische und didaktische Aspekte

Die Anlage dieser Ostereinheit wird durch zwei unterschiedliche, jedoch aufeinander bezogene Schwerpunkte getragen: – Johannes 21 und – Beispiele österlichen Brauchtums.

Johannes 21,1–14

Johannes 21 ist sekundärer Nachtrag zum Johannesevangelium, das in seiner ursprünglichen Fassung mit 20,30 f. schließt (Joh 21,1 ff. steht in spürbarer Spannung zu 20,22, der Bevollmächtigung der Jünger mit dem Heiligen Geist und ihrer Beauftragung zum apostolischen Dienst).

Thema der Perikope, einer Variante von Lk 5,1–11, ist die Erscheinung des Auferstandenen vor einer Gruppe von sieben Jüngern am See Genezareth in Verbindung mit einer Wunderhandlung, dem wunderbaren Fischzug.

Der Text sieht sieben der Jünger nach der Katastrophe von Jerusalem wieder in ihren alten Berufen in ihrer früheren Umgebung am Galiläischen Meer. Nach einem erfolglosen nächtlichen Fischzug werden sie durch den Auferstandenen zu erneuter Ausfahrt aufgefordert. Sie sollen das Netz noch einmal, und zwar auf der „rechten" Bootsseite auswerfen: Die rechte Seite ist nach antikem Verständnis die Glücksseite!

Der Umfang der Beute wurde in V. 6 vage umschrieben („… und konnten's nicht mehr ziehen wegen der Menge der Fische"), in V. 11 mit „voll großer Fische, einhundertdreiundfünfzig" spezifiziert. Der Fang wird durch den „Lieblingsjünger" auf „den Herrn" hin gedeutet. Dies veranlasst Petrus, schwimmend oder watend das Ufer anzustreben, wo Jesus wartet.

Die Mahlzeit mit Brot und Fisch erinnert an die wunderbare Speisung (Joh 6) und weist auf das Herrenmahl hin. – Scheu und Befangenheit hindern die Jünger daran, den Auferstandenen nach seiner wahren Identität zu fragen. „Es soll das eigentümliche Gefühl gezeichnet werden, das die Jünger angesichts des Auferstandenen befällt: Er ist es, und er ist es doch nicht; er ist nicht der, den sie bis dahin gekannt haben, und doch ist er es! Eine eigentümliche Scheidewand ist zwischen ihm und ihnen errichtet. Diese Scheidewand wird beseitigt, indem Jesus jetzt Brot und Fisch den Jüngern zum Essen verteilt" (R. Bultmann, Das Evangelium des Johannes, [Kritisch-exegetischer Kommentar über das Neue Testament], Göttingen 1952, S. 549).

Die eigentliche Pointe von Joh 21 erschließt sich, wenn man sie aus dem Kontext von 21,15 ff. und im Horizont von 20,22 ff. (vgl. auch Mk 1,17 parr.) deutet: Die Apostel werden zu Menschenfischern berufen! Das Netz ist nach Mt 13,47 auf das Himmelreich hin zu deuten. Der überreiche Fang verweist auf den Erfolg der Ausbreitung des Evangeliums.

Beispiele österlichen Brauchtums

Das Fest der Auferstehung hat ein breites Brauchtum hervorgebracht, das mehr oder weniger überzeugend die Osterbotschaft „begreifbar" machen will. Zum Osterbrauchtum gehören u. a. Osterfeuer, Osterwasser, Osterritt, Osterkerze, Osterspaziergang, Ostereier, Osterlamm und Osterhase.

Für unterrichtliche Zwecke erweist sich neben der Osterkerze (s. u.) die Symbolik des Eis am ehesten geeignet. Mehrere, voneinander unabhängige Traditionen sind im Osterei gebündelt:

- Schon Chinesen und Ägypter kannten das Ei als Fruchtbarkeits- und Lebenssymbol. In Indien war das Ei Sinnbild des Weltganzen. Die christliche Umdeutung parallelisiert den auferstandenen Christus mit dem Küken, das aus der Schale (= Grab) zum Leben hervorbricht.
- Auch das Bemalen und Verzieren von Eiern ist außerchristlichen Ursprungs. Gefärbte Eier sind schon 3000 Jahre vor Christus als Geschenke zum Frühlingsanfang belegt. In Europa werden gefärbte Eier erstmals im frühen 13. Jahrhundert erwähnt. In einer Osterpredigt aus dem 16. Jahrhundert heißt es:

„Ein gantzes Jahr geschieht den Ayrn nicht so viel Ehr, als eben jetz zur Oesterlichen Zeit. Man verguldets, man versilberts, man belegt's mit schönen Flecklen und macht allerhand Figuren darauf. Man marmelierts, man mahlts auch und zierts mit Osterlämmlein, Häslein, oder die Urständ Christi und Mariens. Man färbts grün, roth, goldfarben, gesprengt und ehrt es hernach ein guter Freund dem andern" (zit. nach A. Kall, Kirchenjahr und Brauchtum, München 1988, S. 115).

Von beschrifteten, bemalten und geätzten Ostereiern berichtet 1617 E. Puteanus. Traditionell wurden die Eier häufig rot gefärbt. Rot bedeutet Sonne, Freude, Leben, aber auch Blut – eine Anspielung auf den Kreuzestod Jesu.

- Eine dritte Ableitung erinnert an die mittelalterlichen Zins- und Abgabepflichten: Eier („Zinseier") und andere Naturalien wurden als Pachtzins am Gründonnerstag und zu Martini (11.11.) an die kirchlichen oder weltlichen Grundherren abgeführt. Das letzte Ei war rot gefärbt („Antlassei"). Auch nach Ende der Zinspflicht blieb der Symbolzusammenhang in Erinnerung: Wie die Zinseier, so befreit auch Christus von Schuld und Abhängigkeit.
- Das Verstecken der Ostereier im Garten oder auf dem Spaziergang ist möglicherweise germanischen Ursprungs. Die Germanen vergruben Eier in der Erde, um die Fruchtbarkeit des Bodens zu steigern.

Ostereier und andere Ostersymbole sind in der Osterzeit zwar allgegenwärtig, doch in ihrem Bedeutungsgehalt nur von Ferne präsent. Religionspädagogisch bietet sich hier eine gute Chance, Möglichkeiten des religiösen Brauchtums hinsichtlich seiner Bilder für neues Leben zu erschließen und so Auferstehung ein Stück sinnlich erfahrbar zu machen.

Passion und Ostern bilden theologisch und religionspädagogisch eine Einheit. Darum sind auch hier beide Themen eng aufeinander bezogen. Der Osterentwurf führt den didaktischen Ansatz des „Weges" fort, der in Verlängerung des Passionsweges (vgl. H Passion) zum alles verändernden „Weg des Lebens" wird. Joh 21 lädt ein, mit den Jüngern Ostern zu entdecken und von Ostern her die qualitative Veränderung vom Tod zum Leben nachzuvollziehen. Symbole bzw. Symbolhandlungen (Saatgut, Kerze, Eier, Frühlingsblumen) entfalten sinnenhaft die Osterbotschaft: „Jesus lebt" und verweisen über sich hinaus auf den Weg zum Leben.

Biblisch erzählen

Die nachösterliche Wundererzählung vom großen Fischzug kann wie die Passionsgeschichten durch die Brille des Redaktors erzählt werden: Johannes verlegt die Berufung der Jünger zu Menschenfischern (Mk 1,16–18) in die Zeit des nachösterlichen Christus. Damit ist klar, was ihre freudige Nachricht sein wird: „Jesus lebt!"

2. Kompetenzen und Ziele

Die Schülerinnen und Schüler
- können erzählen, wie die Jünger nach Jesu Tod neuen Mut fanden (Sachkompetenz, kommunikative Kompetenz)
- können erklären, was das Osterei/die Osterkerze zu Ostern zu sagen haben (Deute-Kompetenz)
- können den Passionsweg zu einem Weg ins Leben weiterführen (Ich-Kompetenz, soziale Kompetenz)

3. Unterrichtsschritte

Die in den Osterferien hoffentlich aufgegangene Saat (vgl. S. 106) sollte möglichst bis zur ersten Religionsstunde vor den Sch verborgen werden.

a. Vom Tod zum Leben gehen

Impuls und Anknüpfung
L zeigt das Bild „Unter dem Kreuz" 1; die Sch empfinden die Körperhaltung der Person auf dem Bild nach, beschreiben die dadurch ausgedrückten Gefühle. L erinnert an den Passionsweg – wer war da traurig? Warum? L: „Und dann haben wir Saatkörner in Erde begraben, rund ums Kreuz …" L zeigt, was aus der Saat geworden ist.

Körpermeditation
Die Sch vollziehen das Keimen des Saatkorns nach (hinkauern, starr, so klein wie möglich; allmähliches Entfalten, Aufrichten, Strecken. Fröhliches Wehen im Wind).

Theologisieren mit Kindern
Die Sch deuten das Wachsen der Saat/das Begrünen des Kreuzes als Weg vom Tod zum Leben, als Umkehr des Sterbens, als Sieg des Lebens usw.

L: „Hier beginnt der Osterweg zum Leben …

Lied
„Eine freudige Nachricht breitet sich aus" 2, 1. Strophe

Biblisch erzählen
L erzählt, dass auch die Jünger nach Ostern den Weg ins Leben, den Osterweg gehen. „Menschen haben sich gefragt: Wie ist es zu diesem Umschwung gekommen? Der Evangelist Johannes erzählt eine Geschichte, um das deutlich zu machen …" (weiter mit 3)

b. Die Osternachricht weitersagen

L schreibt drei Osterbotschaften als freudige Nachrichten an die Tafel:

Jesus lebt.
Jesus schenkt Leben.
Wir sagen es weiter.

Weg
Sch schreiben je einen der Sätze auf vorbereitete Kärtchen und legen sie auf den Osterweg.

Bewegungsspiel
Musik. Die Sch gehen im lockeren Kreis durch die Klasse, wechseln nach Belieben die Richtung. Rufen einander die guten Nachrichten zu.

Lied
Sch lernen die zweite Strophe von „Eine freudige Nachricht" 2

Klassenaktion
Jeder Sch erhält ein Arbeitsblatt „Schriftrolle" 4; es schreibt eine der Nachrichten in

das erste Feld. Es gibt seine Schriftrolle weiter, lässt das zweite Feld beschreiben, ebenso das dritte. Ein viertes Kind formuliert die Nachricht mit eigenen Worten für das vierte Feld. Am Ende bekommt das erste Kind das Blatt zurück und heftet es ab.

c. Das Osterlicht empfangen und weitergeben

Lied
Sch lernen die fünfte Strophe von 3.

Symbol Kerze
L: „Jesus lebt. – Für diese freudige Nachricht gibt es viele Zeichen. Eines der Zeichen ist die Kerze, die brennende Osterkerze …" L (oder Sch) zündet eine große weiße Kerze an (ca. 50 cm). Impuls: „Menschen, die glauben, dass Jesus lebt, zünden eine Kerze an, weil …" – Die Sch wiederholen den Satzanfang und ergänzen eigene Gedanken.

Kerzenmeditation
Stichwörter für L: … macht Dunkelheit hell, verströmt Wärme, macht lebendig, was tot und starr ist … erinnert an Jesus … Jesus ist wie ein Licht … schenkt Licht, Wärme, Leben … Jesus lebt; sagt: Ich bin das Licht der Welt.

Sch erhalten Teelichter; als Untersetzer dienen Deckel von Marmeladengläsern o. Ä. Ein Kind entzündet sein Licht an der Osterkerze.

Deutung und Fortschritt
L und Sch deuten die Handlung etwa so: „Christus schenkt mir …" – Erweiterung: „Ich gebe weiter …" – Vorsichtig geht das Licht von Hand zu Hand. – Wenn alle Lichter brennen, brechen L und Sch zu einer Lichter-Prozession auf; singen dabei den Refrain von 2.

Weg
Am Ende der Prozession stellen alle Sch ihr Licht (ohne Untersetzer) auf den Osterweg.

d. Licht und Leben

Weg
Wiederholung: Die keimende Saat und das brennende Licht sind Zeichen für den Sieg des Lebens über den Tod. L: „Ein drittes Zeichen habe ich heute mitgebracht …" (legt Schokoladenostereier auf den Osterweg).

Gestalten
Die Sch erhalten Ostergrußkarten 5 mit Ei-Vorlage und den Auftrag, das Ei so zu gestalten, dass es die freudige Nachricht weitersagt.

Kinder kommen im Gespräch auf die Symbolik des schlüpfenden Kükens (evtl. mithilfe einiger kleiner Pfeifenputzer-Küken, die zur Oster-Deko gehören); L erzählt/liest die Legende von Katharina und Maxentius 6; ergänzt weitere Ursprünge der Ostereier aus der Einführung (S. 119 f.).

Unter dem Kreuz

Mathias Grünewald, Der Evangelist Johannes unter dem Kreuz, 1500–1508

Lied: Eine freudige Nachricht breitet sich aus

Text u. Melodie: M. G. Schneider; aus: Sieben Leben möcht' ich haben. Neue Lieder für Schule, Gemeinde und Familie, Christophorus/Kaufmann, Freiburg/Lahr

Strophe 5
Alle kamen, Alt, Jung, Klein und Groß,
Erwachsene, Kinder und freuten sich bloß.
Der Großvater sagte: „Was ist heute los?"

Strophe 6
Das war ein Singen und Fröhlichsein,
ein Klatschen und Tanzen und Ringelreihn,
und jeder fiel in den Jubel ein.

Erzählwerkstatt „Der vollkommene Fischzug" (Joh 21)

Einstimmung
Trübsal bei den Jüngern, Mutlosigkeit. Jesus ist weg – gehen wir heim. Es wird sein, als hätten wir Jesus nie getroffen …

Johannes will zeigen, wozu die Jünger berufen sind: zum „Fischen" – zur Teilhabe an der göttlichen Fülle und zum Weitersagen des Sieges des Lebens über den Tod.

Johannes sagt: Der Auferstandene offenbarte sich. Und dann erzählt er das:

Szene 1
Sieben Jünger gehen zurück in ihr gewohntes Leben – als Fischer. Sie rudern hinaus auf den See mit Petrus. Aber sie fangen nichts.

Szene 2
Die Jünger kehren am Morgen von ihrem vergeblichen Fischzug zurück. Ein Mann erwartet sie. „Habt ihr nichts zu essen?" – „Wir haben nichts gefangen." – „Fahrt noch einmal hinaus und werft das Netz zur Rechten." Sie tun's und fangen so viel Fisch, dass sie das Netz nicht hochziehen können.

Johannes sagt, der Mann sei der Auferstandene, aber die Jünger hätten ihn nicht erkannt.

Szene 3
Die Jünger mühen sich mit den vollen Netzen. Johannes sagt zu Petrus: „Weißt du was? Ich glaube, dieser Mann da – er ist es! Er ist unser Herr!" Als Petrus das hört, springt er über Bord und eilt mit großen Sprüngen zum Ufer.

Szene 4
Der Mann bereitet das Essen für die Jünger: Brot und Fisch und Wein. Sie essen mit ihm und werden satt. Sie werden auch froh. Und mutig.

Johannes sagt, sie erkennen Jesus Christus in der Art, wie der Mann für sie sorgt, in der Art, wie er das Brot bricht und den Wein segnet. Johannes sagt, sie erkennen ihn, aber sie wagen es nicht, ihn zu fragen. Sie wissen, er wird nicht bleiben. Sie wissen, was sie zu tun haben …

Die viergeteilte Schriftrolle

Eine Osterkarte sagt: „Jesus lebt!“

© Mirella Fortunato

Die Legende von Katharina und Maxentius

Katharina war eine Königstochter im Ägypterland. Sie lebte vor langer, langer Zeit in der Stadt Alexandria. Damals herrschte dort der Kaiser von Rom. Er hieß Maxentius und war der mächtigste Mensch der Welt.

Eines Tages besuchte er seine Stadt Alexandria. Er ließ Katharina zu sich kommen. Sie sollte ihm von Jesus erzählen. Er hatte nämlich erfahren, dass sie eine Christin war. Katharina kannte viele Jesusgeschichten. Der Kaiser hörte gespannt zu. Ihm gefiel das, was Jesus unter den Menschen getan hatte. Alle seine Ratgeber wunderten sich darüber. Der Kaiser hatte nämlich die Christen verfolgt. Viele waren auf seinen Befehl getötet worden.

Katharina erzählte vom Leben Jesu, von seinem Sterben, und schließlich auch, dass er von den Toten auferstanden sei. „Von den Toten auferstanden?", fragte der Kaiser verblüfft. Katharina nickte. Da lachte der Kaiser laut auf und rief: „Das will ich dir nur glauben, wenn du aus einem Stein neues Leben erwecken kannst."

Katharina ging betrübt davon. Aber dann kam ihr ein Gedanke. Sie kaufte von einem Bauern ein beinahe ausgebrütetes Entenei. Damit ging sie am nächsten Tag zum Kaiser. „Na, willst du es versuchen?", spottete der. Sie hielt ihm das Ei entgegen. Die junge Ente riss einen Spalt in die Schale. Der Kaiser schaute geduldig zu, wie das kleine Tier sich aus dem Ei befreite. Der Spott wich aus seinem Gesicht. „Scheinbar tot", sagte Katharina. „Scheinbar tot und doch am Leben." Es heißt, dass der Kaiser sehr nachdenklich geworden sei.

So ist das Ei zum Osterei geworden als Zeichen für das, was kein Mensch begreifen kann: Christus ist auferstanden. Wahr und wahrhaftig, er ist auferstanden.

W. Fährmann, aus: D. Steinwede, Hg., Das neue Kinderbuch vom Kirchenjahr, Patmos, Düsseldorf 1988, S. 127

4 Kirche

J. Gottes Haus besuchen

J Gottes Haus besuchen

1. Theologische und didaktische Aspekte

Israels Kult war im Gegensatz zu dem seiner Nachbarvölker nicht nur bildlos (1. Gebot!), sondern kam über viele Generationen auch ohne feste Kultstätte aus. Als unter König David der Plan zum Bau eines Tempels heranreifte, ließ Jahwe dem König durch den Propheten Nathan sagen, er sei doch seit dem Auszug aus Ägypten mit Israel unterwegs gewesen „in einem Zelt als Wohnung" (2 Sam 7,6) und habe niemals Weisung gegeben, ihm ein festes „Haus aus Zedern" zu bauen (s. Sam 7,7), d. h. Wurzeln zu schlagen und die visionäre Sehnsucht nach einem (transzendenten) Ziel aufzugeben.

Der Einwand verhallte, der Tempel wurde gebaut, – wenn auch erst unter Davids Sohn und Nachfolger Salomo. In Salomos Gebet zur Einweihung des Tempels klingt der alte Vorbehalt gegen eine feste Behausung für Jahwes Gegenwart noch wie ein Echo nach: „Siehe, der Himmel und aller Himmel Himmel können dich nicht fassen – wie sollte es denn dieses Haus tun, das ich gebaut habe ?" (1 Kön 8,27).

Unter anderem aus diesem Grund sind Kirchen – zumindest nach evangelischem Verständnis – keine „heiligen Orte" oder „Wohnräume Gottes" – und seien sie noch so schön, noch so groß und noch so prunkvoll. Kirchen sind vielmehr Versammlungsräume, in denen Gott angerufen, verkündigt, gelobt und gefeiert wird. Sie sind sichtbare Zeichen gelebten Glaubens (vgl. Bd. 1, S. 112 ff.), Symbole und Abbilder des „Himmlischen Jerusalems" und „Gedächtnisorte der Christenheit" (R. Degen).

In Aufnahme und Fortführung der im 1. Schuljahr vorgenommenen Außenerkundung will die Innenerkundung im 2. Schuljahr in altersangemessener Form Kinder zur Spurensuche in Architektur, Farben, Licht und Bildern anregen und zur Erschließung des Sinngehalts ihrer Kirche mit allen Sinnen. Dabei ist der Charakter der Erforschung vom Charakter der jeweiligen Kirche abhängig: Eine spätgotische Hallenkirche bedingt eine andere Zugangsweise als eine schlichte Kirche aus den 60er Jahren des 20. Jahrhunderts.

Jede Kirche verfügt – wenn auch in unterschiedlicher Gestalt – über folgende „Prinzipalstücke": Taufstein – Kanzel – Altar. Alle drei sind im Altarraum konzentriert.

Taufstein

Am Taufstein in Altarnähe, d. h. im Blickfeld der Gemeinde, wird das Taufsakrament vollzogen, mit dem der Täufling in die christliche Gemeinde aufgenommen wird. Im Gegensatz zu früher (vollständiges Untertauchen des Täuflings im Taufkessel) wird der Täufling nur noch symbolisch mit einer Handvoll Wasser aus einer Taufschale benetzt. Dazu wird die Taufformel zitiert. Dieser Gestus erinnert an das ursprüngliche Untertauchen (= „Sterben" des alten, sündigen Menschen/ Abwaschen der Schuld und „Auferstehen" des neuen Menschen mit Christus und Zuspruch neuen Lebens), wie es die alte und die mittelalterliche Kirche noch praktizierte.

Taufsteine, meist aus Stein, enthalten oft ein figürliches Bildprogramm, das Bezug nimmt auf biblische Flut-und Wassermotive bzw. Bewahrungsgeschichten (z. B. Sintflut; Durchzug durchs Schilfmeer; Jona im Fisch; die Paradiesströme; Taufe Jesu, den Symbolen der Evangelisten oder der Taube als Zeichen des Heiligen Geistes (vgl. Deckblatt, S. 127).

In katholischen Kirchen steht der Taufstein oft im Eingangsbereich (Taufe = Beginn des christlichen Lebens). Bis ins Mittelalter gab es eigene Baptisterien mit größeren, in den Boden eingelassenen Becken (rund/kreuzförmig/achteckig), oft mit fließendem (= „lebendigem“) Wasser. Der Taufbewerber stieg (nach vorheriger Unterweisung) über Stufen hinab, wurde dreimal untergetaucht bzw. mit Wasser übergossen und verließ – in ein neues, weißes Gewand gehüllt – und nach Osten gewandt, das Taufbecken. Die Alte Kirche kannte übrigens nur einen Tauftermin im Jahr: die Osternacht.

Etwa um 500 (in Westeuropa um 800) wurde die bis dahin übliche Erwachsenentaufe durch die Kindertaufe abgelöst.

Eine interessante Variante der Taufbecken sind „Taufengel“ (vgl. Deckblatt, S. 127): Figuren, die stehend, knieend oder fliegend eine Taufschale halten. Schwebende Engel werden mittels einer Mechanik nur zum Taufakt heruntergelassen.

Die Idee des Taufengels vereinigt in sich mehrere Motive: die des Schutzengels (Ps 91, 11 f.; 34,8; Apg 12,15), die des Kämpfers gegen das Böse (Offb 12,7) und die des Zeugen der Taufe. Taufengel waren in der Barockzeit (ca. 1690 – Ende 18. Jh.) vornehmlich in lutherischen Dorfkirchen nördlich der Mainlinie verbreitet. Ihre Zahl wird auf etwa 2000 geschätzt.

Die Erkundung des Taufbeckens bietet sich auch dazu an, die eigene Taufe der Sch oder die der Geschwister anzusprechen oder die Bedeutung des Wassers als Bedrohung und Segen zu thematisieren (s. u.).

Kanzel

Die erhöhte Predigtstelle dient der Wortverkündigung; erst im Spätmittelalter (13. Jh.) hält sie mit den Bettel-(Prediger-)Mönchen Einzug in die Kirchen. Seit der Reformation mit ihrer besonderen Wertschätzung des Wortes Gottes war sie unabdingbarer Bestandteil jeder evangelischen Kirche.

Der Kanzelkorb, der vom Kanzelfuß (Motive z. B. Mose oder Wurzel Jesse) getragen wird, hat oft ein reichhaltiges Bildprogramm (z. B. Evangelisten mit ihren Symbolen; Jesus-Geschichten; typologische Bezüge zum AT). Der Schalldeckel über der Kanzel verbessert die Akustik und ist oft mit der Taube des Heiligen Geistes (= Inspiration des Predigers) oder mit Christus als gutem Hirten geschmückt.

Altar

Der Altar, heute meist ein Tisch aus Stein oder Holz, ist in der Regel nach Osten ausgerichtet und steht etwas erhöht. Neben der aufgeschlagenen Bibel stehen dort die Elemente Brot und Wein, mit denen die Gemeinde als Zeichen der Gemeinschaft mit Christus und untereinander das Abendmahl feiert. Hier werden Gebete gesprochen und der Segen gespendet, Paare getraut und Jugendliche konfirmiert. Kerzen, Blumen, häufig ein Kreuz bzw. ein Kruzifix und textile Behänge (Antependien/Paramente) in den Farben des Kirchenjahres (s. u.) gehören zum Schmuck des Altars. Letztere zieren auch die Kanzel und das Lesepult (Ambo).

Die gewebten Antependien enthalten oft biblische Motive (z. B. Senfkorn/Weizenkorn/aufgehende Saat/Alpha und Omega/ein Bibelwort …). Aufwändige, z. T. reich bemalte oder ausgeschmückte (Flügel-)Altäre entstanden in der Zeit der Gotik und besonders im Barock.

Von Altären, auf denen Gott ein (Brand-) Opfer dargebracht wird, weiß auch die Bibel: z. B. 1 Mose 8,20: „Noah baute dem Herrn einen Altar."

Liturgische Farben

Farbe	Symbolik	Bezug zum Kirchenjahr
Weiß	Licht/Reinheit/Freude	u. a. Ostern, Weihnachten, Epiphanias
Rot	Feuer/Blut/Liebe	u. a. Pfingsten, Reformationsfest, Konfirmation
Grün	Leben/Saat/Hoffnung	u. a. Trinitatiszeit
Violett	Buße	u. a. Advent, Passion, Buß- und Bettag

Neben den genannten Hauptausstattungsstücken enthalten die Kirchen in der Regel darüber hinaus Orgel, Bänke, Fenster und – je nach Alter – Schlusssteine im Scheitelpunkt des Gewölbes, Inschriften, Zeichen und Symbole, Grabplatten und Epitaphe, Bänke (erst seit ca. 200 Jahren; vorher nur für Geistliche/Presbyter).

Kriterien der Erkundung

- Mit allen Sinnen (sehen/hören/tasten/riechen …) den Raum erleben,
- Sich Zeit nehmen („Entschleunigung"),
- Vom Allgemeinen zum Detail vorgehen,
- Auswahl treffen/Schwerpunkte bilden,
- Eigenes Entdecken anregen,
- Die „Sprache des Raumes" spür- und hörbar werden lassen,
- Wohltuende Stille erfahren …

Vorbereitungen

- Für sich selbst die Geschichte/den Grundriss/das Inventar/die Symbolik/das be- herrschende Thema der jeweiligen Kirche erschließen,
- Absprachen bezüglich der Besichtigungszeit/Schlüssel etc. mit Küster/in treffen,
- Mitnehmen/besorgen: Fernglas/Taschenlampe(n)/Klangschale mit Klöppel oder Zimbel (Signal zum Abschluss einer Teileinheit)/Grundriss der Kirche (vereinfacht und vergrößert)
- Tonträger mit meditativer Musik für die Stilleübung/Kabeltrommel …

2. Kompetenzen und Ziele

Die Schülerinnen und Schüler
- können Funktionen einer Kirche aufzählen und erläutern (Sachkompetenz)
- können Begriff und Bedeutung der Ostung erklären (Sachkompetenz, Sprachkompetenz)
- können Funktion und Bedeutung der Hauptinventarstücke „Taufbecken", „Kanzel" und „Altar" erklären und ihre Bedeutung im Gottesdienst erläutern (Sach- und Deutekompetenz)
- können über Erfahrungen sprechen, die sie mit Stille, Klang, Begehung gemacht haben, und ausführen, was diese ihrer Empfindung nach mit Religion zu tun haben (Ich- und soziale Kompetenz)

3. Erkundungsschritte

a) Ankommen

Die Sch versammeln sich am (noch geschlossenen) Eingangsportal und stellen Vorüberlegungen an: Was unterscheidet eine Kirche von anderen Gebäuden (Wiederholung, vgl. RU PRAKTISCH – 1. Schuljahr)? Was werden wir innen sehen?

b) Sich annähern

Das Portal wird geöffnet, die Sch überschreiten bewusst und einzeln die Schwelle, bleiben im Eingangsbereich stehen, um den Kirchenraum als Ganzen zu erfassen. Sie formulieren erste Eindrücke (was ist vor allem anders als „draußen"?), die ggf. systematisiert und durch weitergehende Impulse vertieft werden; u. U. Metaphernbildung: „Diese Kirche ist für mich wie …" oder Bündelung der ersten Eindrücke in Adjektiven.

Hier ist auch der Ort, das Thema „Ostung" zu erarbeiten: Alte Kirchen wurden von W nach O gebaut, W = Sonnenuntergang/Dunkelheit/Tod – O = Sonnenaufgang/Licht/Leben/Jerusalem/Ostern/Christus als Licht der Welt. Die durch Leid und Schuld gebeugten Menschen bewegten sich in östlicher Richtung – hin zum Licht und zum Heil. Nach Möglichkeit sollten die Sch in einer Art Prozession den Gang von Westen nach Osten selbst nachempfinden.

c) Versinnlichen

Die Sch gehen langsam und ruhig, möglichst einzeln, im Innern umher, lassen den Raum aus möglichst unterschiedlichen Perspektiven auf sich wirken und achten z. B. auf
- Licht/Farben/Stille,
- Höhe/Weite/Länge des Raumes,
- Gerüche (Augen schließen)/Geräusche,
- eine Säule umfassen/einen Stein berühren/ eine Skulptur sehr vorsichtig ertasten …

Die Sch tragen ihre sinnlichen Eindrücke zusammen – dazu, wo nötig, Ergänzungen durch L bzw. Klärung offener Fragen.

Hier ist der Ort, die Kreuzform des Grundrisses anzusprechen (vgl. Grundriss); von der Empore aus (wenn vorhanden) oder von der Kanzel aus ist diese Form am ehesten zu entdecken.

d) Vertiefen

Hier bieten sich mehrere Varianten an:

Variante 1
Erkundung der Hauptausstattungsstücke: Taufstein – Kanzel – Altar (s. Theologische und didaktische Aspekte).

Variante 2
Fokus nur auf einem Inventarteil, z. B. dem Taufstein: Nach einleitenden Erläuterungen zur Ostung (s. o.) empfindet die Lerngruppe den Gang von Westen nach Osten nach und versammelt sich am Taufbecken. Eine gläserne Karaffe mit Wasser regt das Gespräch über die Bedeutung des Wassers an – heute, in früheren Jahrhunderten, in anderen Kulturen und Regionen – Quellen/Brunnen; Durst löschend – reinigend – vernichtend …

Hinweis auf Reinigungsrituale im Judentum/ Islam/Hinduismus.

Beobachtungen/Assoziationen am/zum Taufstein: Was sehe ich ? Was bedeutet es?

Vertiefung
Sie erfolgt in Form einer Ich-Erzählung: Was der Taufstein im Lauf der Zeit gesehen/erlebt hat/denkt… – Symbolkarten (DIN A6) mit einfachen Zeichnungen 1 können die Erzählung stützen, z. B.
- Regenbogen – Gottes Segen
- Anker – Glauben(sbekenntnis)
- Wasser – Reinheit, Anfang
- Engel – Begleitung/Schutz …

Variante 3
In einer spätgotischen Kirche, deren mittelalterliche Fenster im Krieg zerstört und durch moderne farbige Fenster im Chorraum ersetzt wurden, könnte die Erkundung folgende Akzente setzen:

Nach vorbereitenden Schritten (s. o.) fokussiert L die Aufmerksamkeit der Sch auf die Fenster – Beschreibung erster Wahrnehmungen, Beobachtung der Farbspuren, die die Fenster in den Kirchenraum, besonders auf Altar und Taufstein legen.

Im Gespräch versuchen die Kinder, die Intentionen des Glaskünstlers für die besondere Ausgestaltung der Fenster im Chor zu ergründen, z. B.:

- Das lichtdurchflutete Buntglas lässt den Chor/die Kirche in gleichsam übernatürlichem („himmlischem") Licht erscheinen (die gotische Kirche als Abbild des himmlischen Jerusalems).
- Glasmalerei als „Bilderbibel" für die einfachen, leseunkundigen Menschen im Mittelalter (auf den heute nicht mehr erhaltenen mittelalterlichen Fenstern).
- Alle Aufmerksamkeit auf die im Osten aufgehende Sonne (Licht, Leben).
- Farben lassen Raum und Menschen im Raum „in einem anderen Licht" erscheinen.

Meditation
L verschenkt aus einem Körbchen bunte Glasscherben (aus Glashütte oder Glaswerkstatt besorgen und deren scharfe Kanten mit Tesakrepp/Isolierband einfassen) – Sch halten ihre Gläser gegen das Licht.

Sodann bittet L die Sch, ihre Gläser in den zur Schale geformten Händen abzulegen und die Augen zu schließen.

L lädt zu einer musikgestützten Kurzmeditation etwa folgenden Inhalts ein:

Das Glas in meiner Hand ist bunt,/
bunt wie ein Luftballon,
bunt wie der Regenbogen,/
bunt wie Gottes Schöpfung.
Das bunte Glas in meiner Hand schenkt mir Licht,
Licht wie aus einer anderen Welt,/
Licht wie aus Himmelshallen.
Das bunte Glas in meiner Hand/
hüllt mich in Gottes wärmendes Licht.
Das bunte Glas in meiner Hand/
spiegelt den Himmel …
Das bunte Glas in meiner Hand/
will mich auch morgen daran erinnern,
dass Gottes Licht die Dunkelheit hell macht.

e) Abschluss

Sch versammeln sich abschließend im Altarraum im Kreis – L rekapituliert die verschiedenen Erkundungsschritte: vor der Tür, im Eingangsbereich, Gang von Westen nach Osten, sinnliche Eindrücke, … Ein Aspekt aus der Phase der Vertiefung – je nach gewähltem Schwerpunkt – wird besonders angesprochen.

Feedback
L regt an, in einem kurzen Satz zu sagen, was besonders schön war/was sich die Sch merken wollen

Lied
Gemeinsames Lied als Zusammenfassung und Abschluss (z. B. „Danket, danket dem Herrn" oder „Der Himmel geht über allen auf"

Vertiefende Nacharbeit
Im Rahmen des RU können die Kinder unter Verwendung von 2 (auf DIN A-3 vergrößern) angeregt werden, in Anlehnung an die formale Struktur eines der spätgotischen Maßwerkfenster eigene Entwürfe zum Thema „Licht und Farbe" anzufertigen.

Vorlage auf Architektenpapier übertragen und mit Window-Colours ausmalen oder mit Schnipseln aus farbigem Transparentpapier oder farbiger Folie bekleben.

Symbole

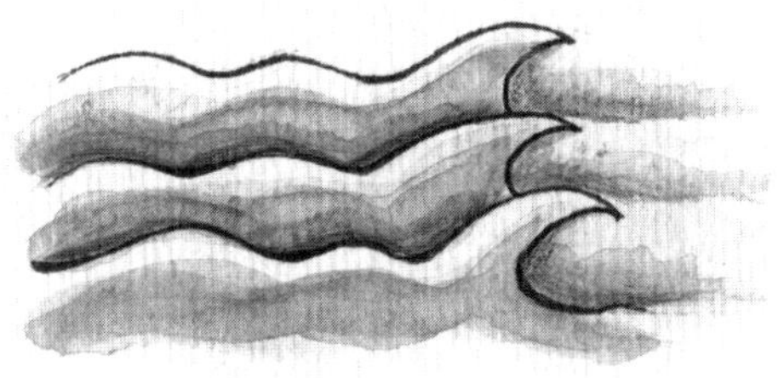

Kirchenfenster

5 Religionen

K. Bibel und Koran: Gott begegnet Menschen

Vorab
Thema Islam

„Ich unterrichte das Thema Islam bald häufiger als Christentum", sagte eine Lehrerin in der Fachkonferenz. Der Islam ist uns nahe gerückt, wir haben Nachbarn, Arbeitskollegen, Vereinskameraden, die Muslime sind. Insofern ist es sinnvoll, sich im Religionsunterricht mit dieser fremden und doch verwandten Religion auseinanderzusetzen. Mehr noch: sich damit auseinanderzusetzen, wie die Religion hier bei uns in der Nachbarschaft Gestalt gewinnt und gelebt wird. Es gilt – und ist fast überall leicht möglich – mit Muslimen direkt über den Islam und über seine Glaubenspraxis zu sprechen, und Letztere mit christlichen Lebensformen zu vergleichen.

Reden über den Islam im RU ist heute also Dialog, ist reden miteinander. Wir fangen bewusst früh damit an – und folglich ganz elementar. Dabei beachten wir folgende didaktisch-religionspädagogischen Regeln:

- *Religion in ihrer Praxis und in ihrer Lebenskraft ist das primäre Thema des Religionsunterrichts.* Ein kleines Fenster zur Religion wird geöffnet, ein Ausschnitt, um in die Tiefe zu gehen und genau hinzusehen. Es geht um ein erstes Kennenlernen, dem andere folgen.
- *Religion lebt in den Menschen, die Religion praktizieren.* Daher führen Kazim und Lea durch diese Einheit, zwei Kinder, die es „wirklich gibt" und die in Hildesheim leben. Es ist wichtig, sie kennenzulernen, sie geben den „Lerninhalten" ein Gesicht.
- *Ausgeübte Religion und ihre Zeugnisse brauchen Aufmerksamkeit und Geduld* – zum Hinhören, Riechen, Schmecken, Sehen und Fühlen.
- *Das Fremde ist anders und darf anders bleiben.* Eine fremde Geschichte, ein fremdes Ritual, ein fremdes Bild, sie alle haben ihren eigenen Ort. Hier wird nichts „gleichgemacht", sonders es steht je für sich nebeneinander.
- *Im Nebeneinander lassen sich Brücken bauen* – auf einer Basis, die trägt. Denn aufgetragen ist beiden Religionen – bei allen Unterschieden – ein Leben des Friedens.

K Bibel und Koran: Gott begegnet Menschen

1. Theologische und didaktische Gesichtspunkte

Wie schon in „RU PRAKTISCH – 1. Schuljahr“ werden die Kinder auch hier eingebunden in das Miteinander Lea und Kazim, die sich gegenseitig in ihre religiöse Praxis mit hinein nehmen – Lea, die Christin, Kazim, der Muslim.

Bibel und Koran

Die religiösen, „hand-greiflichen“ Gegenstände, die in den folgenden Unterrichtsstunden das „Medium“ bilden, sind die Heilige Schrift des Islam und die des Christentums. Koran und Bibel sollen von den Schülern und Schülerinnen als grundlegende Bücher des jeweiligen Glaubens wahrgenommen werden.

Beide bringen je auf ihre Weise Gotteserfahrungen, Gottesbegegnungen zum Ausdruck. Während der Wortlaut des Koran als unmittelbares, bis in Nuancen bewahrtes Wort Gottes geglaubt wird, das an den Propheten Mohammed erging, wird die Bibel in Westeuropa weitgehend als menschliche Niederschrift von Erfahrungen mit Gott verstanden, bei der freilich auch Gottes Geist mit im Spiel war.

Die Bibel schildert eine Fülle von unterschiedlichen Gotteserfahrungen, je nach Epoche und Autor. Sie ist gleichsam ein Sammelwerk von Glaubenserfahrungen, die über mehr als tausend Jahre gemacht wurden. Der Koran ist nach der islamischen Tradition die Nachschrift der direkten Botschaften Gottes an einen einzelnen Menschen, Mohammed, die ihm im Laufe von ca. 23 Jahren offenbart wurden. Er vermittelt demnach vergleichsweise kompakt Gottes Wort.

Berufen von Gott: Abraham, Mose, Samuel – Mohammed

Christliche und muslimische Traditionen erzählen von besonderen Ereignissen, durch die Gott immer wieder Menschen zu einem besonderen Auftrag aus ihrem Alltag herausgerufen hat. Im Alten Testament wird das über die Propheten des alten Israels berichtet: Sie wissen sich durch außergewöhnliche Gotteserfahrungen herausgerufen (z. B. Abraham, Mose, Samuel, Jesaja, Amos).

In der Zusammenschau der verschiedenen Berufungsgeschichten wird eine doppelte Akzentuierung sichtbar: Zum einen hat Gottes Zugehen auf den Menschen stets etwas Wunderbares und Unwiderstehliches. Zum anderen aber gestattet Gott – ganz väterlich, ganz geduldig – seinen Erwählten individuelle Reaktionsweisen: Da ist Abraham, der prompt gehorcht, Samuel, der den Ruf dreimal missversteht, und Mose, der in drei Variationen feststellt: „Das kann ich nicht.“

In den Evangelien wird beschrieben, wie Jesus Christus die Menschen von Angesicht zu Angesicht als seine Jünger beruft (z. B. Mt 9,9). Paulus erfährt dies nach eigenem Zeugnis und dem der Apostelgeschichte auf besondere Weise durch den auferstandenen Christus (z. B. Apg 9).

Nach der islamischen Tradition wird Mohammed vom Engel Gabriel angeredet und durch diese Begegnung von Gott zum Propheten und Gesandten Gottes bestellt (s. u.).

„Das geschieht immer nur in der Heiligen Schrift, das geschieht Menschen von damals, mir geschieht das nicht“ – Einwände von Kindern. Ihnen sei gesagt: Gottes Wort gilt allen Menschen – hierin besteht kein Dissens zwischen Bibel und Koran –, gerufen ist, wer hört. Und Gotteserfahrungen ereignen sich noch und immer wieder neu. Sicherlich werden die wenigsten Gott in dieser ganz besonderen Weise begegnen wie Abraham, Mose und Samuel, doch ist es sinnvoll, diese besonderen Erlebnisse biblischer Gestalten aufzunehmen und sie gleichzeitig transparent zu halten gegenüber eigenen Begegnungen mit Transzendentem.

Mohammed

Mohammed ist nach dem Glauben der Muslime zunächst einmal der Überbringer der Worte Gottes. Nicht er, sondern das göttliche Wort steht im Zentrum. Daher ist es sachlich falsch, von „Mohammedanern“ zu sprechen. Dies ist ein zentraler Unterschied zu Jesus Christus, der als Person Zentrum des christlichen Glaubens ist, da in seinem Handeln, seinen Reden, seinem Sterben und seiner Auferstehung nach christlichem Glauben Gott selbst erkennbar wird.

Mohammed wurde 569 geboren und wurde früh Waise. Aufgezogen von einem Onkel, trat er bald in den Dienst der wohlhabenden Witwe Khaditscha (Hadīga), die er später heiratete. Bei einer spirituellen Übung am Berg Hirā hatte er ein erstes Offenbarungserlebnis. Ähnliche Offenbarungserlebnisse wiederholten sich in unregelmäßigen Abständen und verbanden sich mit einzelnen Botschaften.

Nach dem Glauben der Muslime sind diese Botschaften Gottes Wort. Sie wurden Mohammed durch den Engel Gabriel überbracht und er wiederum wiederholte sie vor seinen Anhängern. Diese behielten den Wortlaut im Kopf und schrieben ihn auf. Die Schriftstücke wurden später gesammelt und in einem Buch zusammengestellt: dem Koran.

Durch Gabriel, durch Mohammed und durch die ersten Anhänger vermittelt, findet sich in diesem Buch also nach muslimischem Glauben Satz für Satz göttliches Wort. Dies verbindet sich mit der Vorstellung, dass letztlich bei Gott eine Urform dieses Buches sei, die Mohammed Stück für Stück übermittelt wurde und von der jeder Koran sozusagen eine Abschrift darstelle.

Die Offenbarungssätze an Mohammed waren arabisch. Insofern ist es für Muslime wichtig, Gottes arabische Worte in ihrer originalen Sprachgestalt zu bewahren. So wird in Gebeten die unveränderte alte arabische Formulierung beibehalten. Der Koran gilt den Muslimen nur auf Arabisch als „echt“, da jede Übersetzung schon einen Eingriff und eine Abwandlung des göttlichen Wortlautes darstelle.

Jeder arabisch geschriebene Koran genießt hohe Verehrung, die sich in verschiedenen, zum Teil landschaftlich unterschiedlichen Formen ausdrücken kann. Zum Beispiel wird der Koran oft im Bücherregal an oberster Stelle aufbewahrt, denn er steht in seiner Würde über allen anderen Büchern. Viele Muslime waschen sich rituell, bevor sie Gottes Wort in Buchform berühren, um ihre äußere, aber auch innere Reinheit gegenüber seinem Wort auszudrücken. Kaum ein Muslim würde einen Koran einfach auf den Boden legen.

Die Geschichte der ersten Offenbarung an Mohammed wurde erst nach 100 Jahren in einem Geschichtswerk aufgeschrieben; dennoch dürfte sie im Wesentlichen historische Wahrheit enthalten.

Im Unterricht wird Kazims Vater diese Geschichte erzählen, als zentrale Begründung der Heiligkeit des Koran. Entsprechend dem dialogischen Ansatz wird auch Leas Mutter eine Berufungsgeschichte erzählen: Abraham, Mose, Samuel kommen in Betracht. Die Gestalten und ihre Geschichten sind auch Muslimen wohlbekannt; sie haben im Koran einen hohen Stellenwert als Propheten.

In unserem Kontext – die Heiligen Schriften und ihre Stifter – wäre Mose die erste Wahl. Es kommt jedoch auf die Lerngruppe und ihre Lehrkraft an, ob es sinnvoll erscheint, eine so zentrale biblische Persönlichkeit mit nur einer kurzen Szene hier neu einzuführen (die Mose-Geschichten folgen ausführlich im 3. Schuljahr). Andernfalls empfiehlt sich der Rückgriff auf Abraham (1. Schuljahr), ggf. mit einem Exkurs auf Samuel.

Biblisch erzählen

Die Berufungsgeschichte des Mose (2 Mose 3 und 4,1–17) und die des Samuel (1 Sam 3) werden, wenn sie erzählt werden, analog zu Abrahams Berufung erzählt: Sie hören eine Stimme, spüren eine Macht in ihrem Leben – ganz unmittelbar, zu einem bestimmten Zeitpunkt, an einem bestimmten Ort – und sie reagieren darauf und machen sich auf einen Weg, den sie vorher nicht kannten. Von Gott wird subjektiv erzählt, doppelt gesprochen: Aus der Perspektive des Berufenen sowie aus der Perspektive der Erzählenden (Leas Mutter).

2. Kompetenzen und Ziele

Die Schülerinnen und Schüler
- können über die Bedeutung der Bibel/des Koran für die Gläubigen Auskunft geben (Sachkompetenz)
- können wertschätzend mit „heiligen" Dingen umgehen (auch wenn sie ihnen selbst möglicherweise nicht heilig sind) (soziale Kompetenz)
- können von Abrahams Berufung und Aufbruch erzählen (Wiederholung; Sachkompetenz)
- können (wenn behandelt) von Moses Berufung und Aufbruch erzählen (neu; Sachkompetenz)
- können von Mohammeds Berufung erzählen (Sach- und Dialog-Kompetenz)
- können Stellung nehmen zu der Frage, was wäre, wenn Gott ihnen begegnete (Ich-Kompetenz)

3. Unterrichtsschritte

a. Lea und Kazim

Leas und Kazims Bild werden gezeigt (1, 2, am besten: projiziert); Erinnerungen wachgerufen:

Kazim ist 11 Jahre alt. Er wohnt mit seinen Eltern und Großeltern in einem kleinen Haus. Seine Großeltern stammen aus der Türkei. Seine Mutter ist dort geboren, sein Vater hier in Deutschland. Er arbeitet in einer kleinen Firma.

Freitags geht Kazim zum Gebet in die Moschee gleich neben seinem eigenen Haus.

Kazim spielt häufig mit Lea. Lea geht nicht zur Moschee. Sie geht am Sonntag oft in den Kindergottesdienst zur Kirche.

L: Wisst ihr noch: Wie Lea mit Kazim in die Moschee ging? Wie Kazims Vater 3 von Bilal erzählte, dem ersten Rufer zum Gebet? (Wiederholung: Moschee, Muezzin, Bilal) Wie Lea Kazim mit in den Turm ihrer Kirche nahm und sie die Glocken besichtigten? Und Leas Mutter 4 dann erzählte, was die Glocken rufen?

L: Wir werden Lea und Kazim auch in diesem Schuljahr wieder begegnen. Diesmal geht es um ihr Heiliges Buch und darum, wie Gott Menschen begegnet und in seinen Dienst ruft.

b. Der Koran und Mohammed

Stuhlkreis

In der Mitte ein grünes Tuch (= heilige Farbe des Islam), Koran, Stativ oder Holzkasten als Erhöhung für den Koran. Erzählatmosphäre. L nimmt die Erzählrollen Kazims und Leas sowie von Kazims Vater ein. Am Ende der Erzählung erklingt die Sure 96 im Originalwortlaut (als Download in MP3-Qualität auf www.v-r-schule.de beim Titel „RU PRAKTISCH – 2. Schuljahr").

L: Dieses Buch ist Lea bei Kazim zu Hause aufgefallen. Es steht oben im Schrank, über allen anderen Büchern und sieht sehr prächtig aus. Heute hat sie Kazim danach gefragt und Kazim hat sich die Hände gewaschen und das Buch vorsichtig heruntergeholt und auf ein Pult gelegt.

Kazim sagt: Dieses Buch heißt Koran. Der Koran ist etwas sehr Besonderes für uns Muslime. Wir schlagen ihn deshalb nicht einfach so auf. Wir legen ihn nicht auf den bloßen Boden. Ich wasche mich, bevor ich darin lese. Manche Muslime waschen sich rituell, bevor sie darin lesen, andere schlagen ihn in ein eigenes Tuch, um ihn nicht direkt anzufassen. Im Bücherschrank steht er oft an oberster Stelle – so wie bei uns.

Lea sagt: Dann will ich auch behutsam mit ihm umgehen. – Gespräch über Möglichkeiten, dem, was anderen wichtig ist, ebenfalls mit Achtung zu begegnen.

Sch sammeln, was sie auf das oberste Regalbrett stellen würden.

L: Lea fragt und fragt und dann kommt Kazims Vater und erzählt von Mohammed … 5; anschließend abspielen: Sure 96.

Sicherung

Nach der Erzählung Sachfragen klären. Nacherzählen üben. Das Nacherzählen wird leichter, wenn die Geschichte nach Art der Erzählwerkstätten in Szenen verlegt wird: Einstimmung = Wie leben Mohammed und seine Frau? Die Frage des einen und der vielen Götter; Szene 1: Der Engel Gabriel kommt zu Mohammed; Szene 2 und Szene 3: Wiederholung; Szene 4: Mohammed lernt die heiligen Worte; Szene 5: Mohammed kehrt heim.

Erweiterung

L: Wo hat sich diese Geschichte abgespielt? – L zeigt Bilder von der arabischen Wüste, Mekka, dem heiligen Berg (Bildbände oder per Beamer aus dem Internet).

Vertiefung „arabisch Schreiben"

L: Zur Heiligkeit gehört für die Muslime auch, dass man von Gott und von den Geschichten des Koran keine Bilder malen darf. Stattdessen wird die Schrift wunderschön verziert. – L teilt Arbeitsblätter aus: Das Wort Gott, schön geschrieben 6; Beispiel für Kalligrafie (zum Nachmalen) 7.

Gespräch über 8: L: Zu den ganz wenigen Bildern von Gegenständen und Tieren gehört dieser Versuch, sie durch arabische Buchstaben zu malen. Die Buchstaben handeln von Gott und auch das, was da bildlich dargestellt ist, soll etwas von Gott zum Ausdruck bringen. Was erkennt ihr? Und was sagt das über Gott aus?

Abschließend können die Kinder in Partnerarbeit ein eigenes Buchstabenbild erfinden, das eine Aussage über Gott macht, die ihnen wichtig ist.

c. Die Bibel und Mose bzw. Abraham

Stuhlkreis

In der Mitte liegt (möglichst auf einem violetten Tuch) eine schöne (dicke) Bibel. Sie kann bestaunt und mit allen Sinnen wahrgenommen werden (Hinweis: Wenn in der Schule kein großes Exemplar vorhanden ist, kann man auch in der Kirchengemeinde fragen).

Kurze Wiederholung des mit dem Koran Erarbeiteten; L: Als Kazim das nächste Mal zu Lea kommt, hat sie auch ein Buch bereitgelegt … L entwickelt zusammen mit den Kindern ein kurzes Gespräch zwischen Lea und

Kazim. (K: Ach, ihr habt auch ein Heiliges Buch? – L: Das ist die Bibel. – K: Und wer hat die Bibel geschrieben? – L: Verschiedene Menschen zu ganz verschiedenen Zeiten … – K: Menschen? Nicht Gott? – L: Naja, nicht direkt. Aber Gott ist immer dabei … – K: Was steht denn da drin?)

Frage: Was steht da drin? Die Sch zählen ihnen bekannte Bibelgeschichten auf: Abraham, David, Josef aus dem Alten Testament, Jesusgeschichten (Bartimäus, Zachäus, Kindersegnung, Weihnachten, Passion, Ostern), Gleichnis vom Verlorenen Schaf, Gleichnis vom Verlorenen Sohn aus dem Neuen Testament.

Frage: Was ist das Besondere an diesen Geschichten? – Gott kommt vor … – Geschichten von Gott und den Menschen …

Variante 1: Mose

L: Einen kennt ihr vielleicht noch nicht, einen, der als Verfasser über den ersten vier Büchern der Bibel steht: Mose. Sie nannten Mose einen Freund Gottes. Sie sagten, Mose habe mit Gott geredet von Angesicht zu Angesicht …– Leas Mutter kommt herein und erzählt den Kindern von Mose … (weiter mit der Erzählwerkstatt 9).

Anschließend entwickeln die Sch – analog zu Mohammeds Dialog mit seiner Frau – ein Gespräch, in dem Mose seiner Frau erzählt, was er erlebt hat.

Evtl. Nachgespräch über Taten und Leistungen des Mose (Wüstenwanderung, Zehn Gebote; vier Bücher Mose)

Kazim: Mose kenne ich aus dem Koran. Er ist ein wichtiger Prophet.

Variante 2: Abraham

L: Was meint ihr: Welche Geschichte könnte Leas Mutter Kazim erzählen – eine Geschichte, die Kazims Geschichte von Mohammed ein bisschen ähnlich ist …

Lied: Geh, Abraham, geh, bekannt aus RU PRAKTISCH, 1. Schuljahr, kann hier wiederholt werden.

Mithilfe von Kinderbibeln (und/oder den Ordnern des letzten Jahres) wiederholen die Sch die Geschichte von Abraham, teilen sie in Szenen (Einstimmung: Abraham und Sara geht es gut in Haran; aber die vielen Götter passen ihnen nicht. Szene 1: Abraham hört im Traum Gottes Stimme; Szene 2: Abraham erzählt Sara, was Gott gesagt hat; Szene 3: Abraham und Sara brechen auf.

Die Sch spielen die Geschichte für „Kazim“: Abraham, Sara, Dorfbevölkerung. Vorher klären: Wie inszenieren wir Gottes Stimme?

Kazim: Abraham kenne ich aus dem Koran. Er ist ein wichtiger Prophet.

Zusatzangebot:
Samuel – Stimmen unterscheiden

L zeigt noch einmal das Bild von Leas Mutter 4. L: Ein anderes Mal erzählt Leas Mutter noch eine andere Geschichte aus der Bibel. Achtet darauf, was ähnlich und was anders ist als bei den Geschichten, die wir vorher gehört haben.

Leas Mutter erzählt von einem jungen Knecht des Priesters Eli, dem Samuel … (Erzählwerkstatt 10).

Theologisieren mit Kindern: Wie kann man Gottes Stimme von anderen Stimmen unterscheiden? Wie kann ich wissen, dass Gott mich ruft? Kommt das eigentlich noch vor, dass Gott mich ruft?

Kreatives Schreiben: Wenn Gott mich riefe – was dann …?

Kazim

Kazims Vater

Lea

Leas Mutter

Kazims Vater erzählt von Mohammed

Kazims Vater erzählt: „Der Koran ist die heilige Schrift von uns Muslimen. Darin ist Gottes Wort aufgeschrieben. Der Prophet Mohammed erhielt Gottes Wort durch den Engel Gabriel. Hört, wie der Engel das erste Mal zu Mohammed kam:

Mohammed lebte zusammen mit seiner Frau Khaditscha und seinen Kindern in Mekka, einer Stadt in der arabischen Wüste. Dort gab es Menschen verschiedener Religionen, Sprachen und Sitten. Manche glaubten an einen einzigen Gott, manche an mehrere Götter und für einige gab es keine Gottheit. Mohammed und seine Frau gehörten zu jenen, die an einen einzigen Gott glaubten. Jeder in der Stadt kannte sie als gute Menschen.

Jedes Jahr im Monat Ramadan zog Mohammed sich auf den Berg Hirā zurück und dachte in einer Höhle über die Welt nach und über Gott. Manchmal verbrachte er sogar mehrere Tage dort, bis die Lebensmittel, die er mitnahm, alle verzehrt waren. Er überlegte: „Wie könnte ich die Menschen zu mehr Liebe und Geschwisterlichkeit einladen?"

Kurz vor seinem 40. Geburtstag machte er eine ungeheure Erfahrung. Wieder war er auf dem Berg Hira für sich allein, da rief ihn eine Stimme bei seinem Namen: „Mohammed!" In der Dunkelheit war weit und breit niemand zu erkennen. Mohammed fühlte, wie sein Herzschlag schneller ging. „Wer ist da?", fragte er. Es kam keine Antwort. Sein Herz schlug noch schneller: „Wer mag das sein?"

Plötzlich wurde es hell um ihn und er verlor das Bewusstsein. Als er wieder zu sich kam, sah er eine leuchtende Gestalt. Nein, ein Mensch konnte es nicht sein. Die Gestalt näherte sich ihm und forderte ihn auf: „Lies, im Namen deines Schöpfers und Versorgers, der dich erschuf, lies!" – „Ich kann nicht lesen", antwortete Mohammed. Daraufhin drückte das Wesen Mohammed fest an sich, bis ihm fast die Luft ausblieb.

Die Gestalt wiederholte ihre Aufforderung: „Lies, im Namen deines Schöpfers und Versorgers, der dich erschuf, lies!" Aber Mohammed sagte wieder: „Ich kann nicht." Und ein drittes Mal sagte die Gestalt: „Lies, im Namen deines Schöpfers und Versorgers, der dich erschuf, lies!" Und auch dieses Mal konnte Mohammed es nicht.

Er konnte wirklich nicht lesen und wusste nicht, weshalb er drei Mal so fest gedrückt wurde. Ein viertes Mal kam die Aufforderung nicht, denn das Wesen trug selbst etwas vor, etwas auf Arabisch, etwas in Mohammeds Sprache. Es waren fünf Sätze.

Als die Gestalt zu Ende sprach, hörte sich Mohammed selbst diese fünf Sätze sprechen. In großer Aufregung rannte er nach Hause. Er musste weg von hier und es seiner Frau erzählen. Nein, Angst hatte er nicht, nur weg musste er doch.

Unterwegs hörte er wieder diese Stimme. „Du bist Mohammed, der letzte Prophet Gottes, und ich bin der Erzengel Gabriel", rief sie ihm zu. Mohammed blickte nach oben und erkannte: Dieses Wesen war der Erzengel.

Zu Hause angekommen, bat er seine Frau Khaditscha darum, ihn zuzudecken, er musste sich etwas ausruhen. Khaditscha wartete und fragte ihn schließlich aus, was geschehen war. So wurde Khaditscha der erste Mensch, der jenes Ereignis erfuhr.

Mohammed hatte ähnliche Erlebnisse bald wieder. Er erzählte sie seinen Freunden. Seine Freunde schrieben dann die Worte des Engels auf und es entstand dieses Buch.

Auch heute noch kann jeder im heiligen Buch Koran nachlesen, was der Erzengel Gabriel dem Propheten Mohammed in Gottes Auftrag mitteilte.

Nurcan Karatepe

Kazims Vater zeigt auf den Koran und fügt dann hinzu: So klingen übrigens die fünf Sätze, die Mohammed erhielt: Hörprobe abspielen

Das Wort „Gott“, schön geschrieben

Versuche, das Schriftbild nachzuahmen.

Übrigens: Viele denken, „Allah“ sei der Name Gottes im Islam. Aber das stimmt so nicht: Es bedeutet für alle arabischen Menschen, gleich welcher Religion „Gott“.

Ein Beispiel für Kalligraphie („Schönschrift“)

Du kannst die Linien farbig nachzeichnen und auch ausmalen.

Buchstabenbilder

Erzählwerkstatt „Mose hört Gottes Stimme“

Einstimmung

Mose hütet die Schafe seines Schwiegervaters. Dort in Midian hat er Frieden gefunden, Frieden vor den Ägyptern, die sein Volk, die Israeliten, versklavt haben. Von all dem Elend und der Ungerechtigkeit ist Mose jetzt weit weg. Er sagt, das ist gut so. Aber nachts hat er oft schwere Träume …

Szene 1

Mose treibt die Schafe weit hinaus in die Wüste. Auf der Suche nach Futter. Nach Wasser, das die Nachbarn noch nicht ausgeschöpft haben … Mittags rastet er, er hat Brotfladen dabei und einen Krug Milch … Ja, Brot und Milch, denkt er, das hätten die Israeliten wohl auch gern, drüben in Ägypten … und Honig vielleicht …

Szene 2

Mose wird aufmerksam auf einen Dornbusch. Der brennt, verbrennt aber nicht. Er packt Brot und Milch zur Seite. Geht hin, um nachzusehen. Da hört er eine Stimme: Mose, Mose! – Ja, hier bin ich. – Komm nicht näher. Zieh deine Schuhe aus. Dies hier ist heiliges Land.

Mose tut, was die Stimme sagt. Er kann gar nicht anders.

Ich bin dein Gott, sagt die Stimme. Dein Gott und der Gott deines Volkes. Dein Volk leidet, Mose. Ich habe es schreien hören und seine Tränen gesehen.

Mose senkt den Kopf. Ja, ich weiß. Aber was kann ich tun?

Geh zum Pharao, dem ungerechten König von Ägypten. Sag ihm, er soll dein Volk ziehen lassen. Und führe es in ein Land, das ich dir zeigen werden, in ein Land, wo Milch und Honig fließt.

Mose hebt den Kopf. Der Pharao wird mich zum Teufel jagen. Und selbst mein Volk – wie sollen sie mir glauben?

Sag einfach, dass ich dich geschickt habe. Und dass ich mit dir bin.

Mose tritt von einem Fuß auf den anderen. Wer bist du denn? Wie heißt du?

Ich bin, der ich bin, und ich bin für dich da.

Szene 3

Nun hat Mose seinen Auftrag und er kennt den, der ihn leiten und schützen will. Was macht er? Geht er? Er schüttelt den Kopf. Frag einen anderen, Gott. Ich kann nicht gut reden.

Aber nein sagen kannst du … Die Stimme spottet liebevoll. Du hast mich. Und du hast deinen Bruder, Aaron mit der silbernen Zunge. Was brauchst du mehr …?

Erzählwerkstatt „Samuel hört Gottes Stimme (zuerst nicht …)“

Einstimmung
Samuel soll Priester werden. Aber erst einmal muss er noch viel lernen. Er lernt bei Eli, dem alten Priester. Sie leben im Heiligtum, Eli und Samuel, Tag und Nacht sind sie dort bereit für Gott.

Szene 1
Eli und Samuel legen sich schlafen. Sie wickeln sich in ihre Mäntel. Samuel wünscht Eli eine gute Nacht. Er mag den alten Priester. Aber immer wieder träumt er auch, er wäre endlich selbst der Priester. Und könnte Gottes Stimme hören wie Eli …

Szene 2
Samuel schreckt aus dem Schlaf hoch. Er hat eine Stimme gehört. „Samuel, Samuel!“ „Ja, Herr?“, antwortet Samuel und geht zu Eli hinüber. Eli wacht auf und sieht ihn an. „Was hast du, Samuel?“ – „Ich? Nichts. Aber du … hast du mich nicht eben gerufen?“ Eli schüttelt den Kopf. „Ich habe geschlafen.“

Szene 3
Samuel ist gerade wieder eingeschlafen. Da hört er es wieder: „Samuel, Samuel!“ Und wieder geht Samuel zu Eli und fragt, was er tun soll. „Schlafen!“, sagt Eli. „Warum weckst du mich?“

Szene 4
Samuel braucht lange, bevor er wieder einschlafen kann. Vergebens. Da ruft die Stimme zum dritten Mal: „Samuel, Samuel!“ Samuel fährt auf. „Ja!“, ruft er, nicht mehr ganz so höflich. Und Eli ist auch nicht sehr glücklich. „Hast du jetzt wieder eine Stimme gehört, Samuel?“ Er denkt nach. „Weißt du was: Das ist gar nicht meine Stimme. Hör besser hin. Ich glaube, es ist Gott, der dich ruft. Sag: ‚Ja, Gott, hier bin ich.‘ Und dann hör zu.“

6 Projekt Bibel

L. Jesu Umwelt kennenlernen

L Jesu Umwelt kennenlernen

1. Theologische und didaktische Aspekte

Die Jesusgeschichten der Evangelien sind in konkreten zeitlichen, geografischen, sozialen, wirtschaftlichen und religiösen Zusammenhängen angesiedelt. Da die biblischen Erzähler bei ihren Adressaten einschlägige Kenntnisse dieses Hintergrundes voraussetzen können, verzichten sie in der Regel auf eine Erhellung dieser Zusammenhänge. – Unsere Verstehenssituation heute ist anders. Darum sind Voraus- und Zusatzinformationen unabdingbar, die geeignet sind, Jesus und seine Botschaft im Horizont eines realen Lebensraumes für Kinder verständlich werden zu lassen.

Auswahl- und Strukturprinzip bei diesen „wichtigen Nebenaufgaben" (I. Baldermann) kann nicht primär das natürliche Interesse von Grundschülern an Realien und „Exotischem" sein, sondern die Orientierung an dem hermeneutisch Sinnvollen und von der Sache des Religionsunterrichts her Notwendigen. – Auch aus methodischen Gründen ist eine Beschränkung auf einige wenige Sachverhalte an dieser Stelle angeraten.

Im Folgenden geht es daher ums tägliche Leben, ums Wohnen, Arbeiten und Feiern im ländlichen Bereich. Im Rahmen anderer Einheiten treten weitere Informationen hinzu (z.B.: Zoll/Zöllner; Kranke; Tempel; Synagoge etc.) und vervollständigen das Bild.

Ort des Geschehens – um die fiktive Figur der Ajala und ihrer Familie – ist *Kapernaum* („Dorf des Nahum"): Der Ort am Nordwest-Ufer des Sees Genezareth wurde zum Zentrum des Wirkens Jesu (Mk 1,21–2, 12; 9,33; Mt 8,5 ff.; 17,24 ff. u.ö.) und sein Wohnort, nachdem er Nazareth verlassen hatte. (Mt 4,13). Trotz der Formulierung „und kam in seine Stadt" (Mt 9,1) ist strittig, ob Kapernaum in neutestamentlicher Zeit eher als Dorf oder als Stadt anzusprechen ist; die Grenze zwischen urbanen und dörflichen Siedlungen waren wohl fließend.

Kapernaum ist hier als Beispiel für das Wohnen und Leben zur Zeit Jesu in einer kleineren Siedlung mit weniger als 1000 Einwohnern gewählt, nicht als historisches Modell.

Zum Modellcharakter solch einer jüdischen Kleinstadt in neutestamentlicher Zeit gehört, dass sie mit einer Mauer bzw. mit Steinwall und Hecke umfriedet war, in die Tore eingelassen sind. Wie auch heute noch standen die Häuser dicht nebeneinander in engen Gassen. Auf diese Weise boten sie am besten Schutz und Schatten gegen die heiße Sonne und den Wüstenwind. Statt systematischer Planung (die es erst seit hellenistischer und römischer Zeit gibt) traf man eher auf ein buntes Labyrinth, in dem ständig Häuser an- und umgebaut wurden.

Zur *Stadt* gehörte der Markt (in der Nähe oder auch außerhalb des Tores), die Handwerkergasse, der (in der Regel außerhalb der Mauern gelegene) Ziehbrunnen mit bis zu 20 m Tiefe, auch Zisternen zur Speicherung des Winterregens sowie außerhalb gelegene Gärten, Felder und Weinberge.

Zur *Bauweise* der Häuser: Das Fundament bildeten unbehauene Feldsteine, die mörtellos übereinander geschichtet wurden. Die eigentlichen Mauern errichtete man Schicht für Schicht mit Tonerde oder (seltener) aus sonnengetrockneten Lehmziegeln. Das Dach bestand aus Balken (im Abstand von 70 bis 100 cm auf die Mauerkrone gelegt), die mehrlagig quer mit Ästen und Reisig überdeckt und schließlich mit Lehm abgedichtet wurden (vgl. Mk 2, 1 ff.). Gestampfter Lehm bedeckte den Fußboden. Das durch eine Außentreppe oder Leiter zugängliche Flachdach trug häufig ein kleines Obergemach („Söller").

Innen waren die Häuser karg ausgestattet – Schlafmatten, Amphoren, keine Möbel im heutigen Sinn. Im meist ummauerten Hof davor wurde gekocht, dort wurden die Ziegen und Schafe gehalten, dort lagerten die Vorräte.

Das tägliche Leben spielte sich hauptsächlich unter freiem Himmel, d. h. in den Innenhöfen ab, die u. a. auch Kochgruben (Backöfen), Silos und Webstühle aufnahmen. Hier wurde Mehl gemahlen, gebacken, gekocht, gewaschen, gewebt, gespielt; hier wurden auch handwerkliche Tätigkeiten ausgeübt.

Wichtige Stichwörter

Brotbacken
(Biblische Belege: Ex 29,2.23 – Lev 2,4 f. – 1Kön 17,12 – Jes 28,28 – Mt 6,11; 14,19; 26,26 – Lk 13,20; 24,30 – Apg 2,42.46 f.)
Brot wurde täglich morgens frisch durch die Hausfrau und die älteren Töchter zubereitet: Zunächst wurde Korn in einer Handmühle, bestehend aus einem feststehenden Unter- und einem drehbaren Oberstein, zu Mehl gemahlen. Mit Wasser und Salz (z. T. auch Sauerteig) vermengt, entstand daraus ein Teig, der zu scheibenförmigen Fladen geformt wurde. Zum Teil wiesen die Fladen („Ringbrote") in der Mitte ein Loch auf, sodass sie zum Schutz vor Mäusen auf einen Brotstab gesteckt werden konnten. Häufig mischte man dem Teig Kräuter, Öl, Datteln und Salz bei, um dessen Geschmack zu verfeinern.

Gebacken wurde in Glutasche oder auf einer Backplatte aus Ton und Eisen, unter der ein Feuer brannte, oder an der erhitzten Wand kaminartiger Tonöfen.

Zum Essen wurde das Brot in Öl, Sauermilch oder Joghurt getaucht.

Handwerk
(Biblische Belege: Jer 18,2 f.; 19,1)
Die meisten Menschen verdienten zur Jesuszeit ihren Lebensunterhalt als Bauern, Hirten oder Fischer. Daneben gab es aber auch verschiedene Handwerksberufe. Die Bibel nennt etwa 25 Berufe, die in der Regel vom Vater auf den Sohn vererbt wurden. Eine große Rolle spielten die *Töpfer*, denn die Tongefäße wurden für viele Zwecke gebraucht (Krüge, Becher, Lampen, Kornmaße ...) und waren nicht sehr haltbar.

Im Bereich des *Bauhandwerks* gab es Maurer, Steinmetze und Zimmerleute. Die Berufsbezeichnung „Zimmermann" für Josef (und Jesus) schließt die unterschiedlichsten Sparten der Holzverarbeitung ein: Holzfällen, Dachbalken setzen, Deichseln oder Backtröge herstellen oder andere Schreinerarbeiten ausführen.

Schmiede gab es in jedem größeren Dorf; sie stellten Hacken, Spaten, Äxte, Pflugscharen für die Bauern, aber auch Geräte für den Haushalt her.

Die Textil verarbeitenden Berufe – Spinner, Weber, Teppichknüpfer und Färber – betrieben in den größeren Städten ihr Gewerbe.

Dreschen und Worfeln
(Biblische Belege: 2 Sam 24,22 – Jes 41,15; 28,27 f.)
Zwischen Juni und September wurde das abgeerntete Getreide in Bündeln zur Tenne gebracht und hier unter freiem Himmel ausgebreitet und gedroschen. Der Bauer fuhr mit einem hölzernen, von Rindern gezogenen Dreschschlitten im Kreis über das Dreschgut. Die auf der Unterseite des Schlittens befindlichen Flint- oder Basaltsteine lösten die Körner aus den Ähren. – In einem zweiten Arbeitsgang wurden Korn, Spreu und Stroh-

reste durch „Worfeln“ voneinander getrennt: Bei Westwind warf der Bauer das Gemenge mit Hilfe einer Worfschaufel in die Luft; das Korn fiel zur Erde, die Spreu flog davon.

Der Häcksel fand als Viehfutter, Streu, Heizmaterial oder Bindemittelbrei bei der Ziegelherstellung Verwendung. Das gesiebte Korn wurde bis zum Mahlen in Krügen aufbewahrt.

Essen
(Biblische Belege: Lk 5,27 ff.; 9,10 ff.)
Die Hauptmahlzeit fiel in die kühlen Abendstunden. Das Essen war einfach, Brot sein wesentlicher Bestandteil. Dazu gab es Oliven, Obst (Melonen, Feigen, Trauben, Granatäpfel und die Beere der Sykomore) und Heuschrecken mit Salz. – Zu einer etwas aufwendigeren, aber immer noch bescheidenen Mahlzeit gehörten in der Regel auch Fisch (vgl. Mt 14,17; Lk 24,42) und Gemüse (z. B. Zwiebeln, Bohnen, Linsen, aber auch Gurken, Endivien und Lattich). – Fleisch war für die meisten Leute Luxus, den man sich allenfalls bei festlichen Gelegenheiten gönnte. Zum Essen trank man Wasser, Dickmilch (von Schafen oder Ziegen), gelegentlich auch einfachen Landwein (Rotwein).

Essen war in biblischer Zeit immer mehr als nur Nahrungsaufnahme. Darum gehörte die vorangehende rituelle Waschung ebenso dazu wie der Lobpreis, mit dem der Hausvater das Mahl einleitete, bevor er das Brot brach und austeilte. Zum Essen saß man auf der Erde um die Speisen herum, die auf einem Tuch oder einer Matte ausgebreitet waren.

Biblisch erzählen

Die Erzählung von Ajala und ihrer Familie ist nicht biblisch, spiegelt aber die Verhältnisse zur Zeit Jesu. Wir bieten auch diese Geschichte als „Werkstatt“; die Szenen (Aufstehen, Ajala!/Gute Nacht, Ajala!) sollten frei erzählt werden.

2. Kompetenzen und Ziele

Die Schülerinnen und Schüler
- können die Wohnverhältnisse und den Tagesablauf einer Familie zur Zeit Jesu beschreiben (Sachkompetenz)
- können Auskunft geben über Essgewohnheiten, Schule, Berufe in neutestamentlicher Zeit (Sachkompetenz, Sprachkompetenz)
- können sich in die Rolle eines Mädchens zur Zeit Jesu hineinfühlen (soziale Kompetenz)
- können ihren eigenen Lebensalltag mit dem zur Zeit Jesu vergleichen und ihre Lebensbedingungen reflektieren (Selbstkompetenz)

3. Unterrichtsschritte

a. Wohnen

Die Sch beschreiben das Haus, in dem sie wohnen; die Zimmer, die ihre Familie bewohnt, und ihre Funktionen (Küche, Wohn-, Arbeits-, Gäste-, Badezimmer …); das Zimmer, in dem ihr Bett steht.

Jedes Kind erhält ein vorbereitetes Stück Tonpapier und zeichnet darauf das Haus, in dem es wohnt, im Umriss.

Die Häuser werden auf ein Stück Tapete oder ein Poster geklebt, auf das L zuvor Straßen des Schulortes gezeichnet hat (grob – die Umgebung, aus der die Sch kommen).

L zeigt Abbildung eines palästinensischen Dorfes 1, z. B. als OH-Projektion. Die Sch beschreiben, was sie sehen, und vergleichen mit ihrer Art zu wohnen. Sie erhalten 1, kleben es in die Mitte eines DIN A4-Blattes und bringen ringsum Beschriftungen an.

b. Aufstehen, Ajala!

Die Sch erzählen, wie bei ihnen das Wecken, Aufstehen, Frühstücken vor sich geht.

Forschungsauftrag: „Jetzt achtet einmal darauf, wie das bei Ajala ist. Was ist anders, was ist ähnlich?" L erzählt nach der Vorlage 2, Abschnitt 1. Ergebnis: Schläft bei den Eltern, frühstückt draußen, „nur" Brot … (Bild 3)

L: „Ajala lebt zur Zeit Jesu in einem Dorf wie vielleicht Kapernaum am See Genezareth. Und so sieht ihr Schlaf- und Wohnzimmer aus …" (zeigen oder austeilen: 4). Wichtige Beobachtung: keine Möbel; schlafen, essen etc. finden auf dem Boden statt.

L skizziert Haus und Hof des Hauses „von oben" an der Tafel: würfeliges Haus, ummauerter Hof. Die Sch bauen in Gruppen Ajalas Haus – mit Holz- oder Plastikbausteinen.

c. In der Schule

Wo ist Ajala? – L liest den Text „In der Schule" 5: Was wird da gemacht? Was fällt auf? Wo sind die Mädchen? (Anm.: Der Text spricht von 613 Geboten und Verboten – die 613 ist eine symbolische Zahl: 365 Tage des Jahres plus 248 Knochen des menschlichen Körpers!)

Die Klasse teilt sich auf – in Jungengruppen und Mädchengruppen; bearbeitet wird die Frage: Was wäre anders, wenn es bei uns nur Jungen/nur Mädchen gäbe? In der anschließenden Aussprache können aus den Wunschvorstellungen Absprachen für das Miteinander entwickelt werden.

d. Auf dem Markt

Während ihre Brüder in der Schule sind, helfen Ajala und Mirjam der Mutter: Sie werden zum Wasser Holen geschickt. Die Sch betrachten noch einmal das Bild vom Dorf und beschreiben den Weg, den die Mädchen gehen (L benennt als Ausgangspunkt ein Haus am Brunnen am gegenüberliegenden Dorfrand). Die Sch entwickeln zu viert kleine Gesprächsszenen: Worüber unterhalten sich Mirjam und Ajala? Wem begegnen sie? (L achtet darauf, dass die unterschiedlichen Berufe und Handwerke, die hier zu entdecken sind, genannt, beschrieben und gewürdigt werden).

e. Am Brunnen

L bringt einen Krug Wasser mit in die Klasse. Gießt etwas Wasser in ein Glas. – Rundgespräch über die Bedeutung des Wassers bei uns und in anderen Ländern. (Brunnen, Wüste, Oase nennen und beschreiben mit 6.

Spiel „Wasser tragen": Die Sch balancieren auf dem Kopf a) ein großes Kissen, b) ein Buch, c) eine Plastikschale. Zunächst probehalber kreuz und quer durch die Klasse (immer nur zwei oder drei zur Zeit), später auch als Wettlauf in einem Hindernisparcours.

f. Auf dem Feld

Wiederholung: Bild „Wasserträgerin" 7. L: Nachdem Mirjam und Ajala das Wasser nach Hause gebracht haben, haben sie etwas Zeit. Laufen zum Nachbarn: Was tut er? (Bild 8). L erklärt das Dreschen und das Worfeln (s. auch im Internet, z. B. www.Wibilex/„dreschen"). Jedes Kind erhält eine Kornähre – Wo sind die Körner? Was bleibt übrig? – und schält die Körner heraus.

Wenn möglich: einen Landwirt in den Unterricht einladen, der davon erzählt, wie heute gedroschen wird.

Gute Nacht, Ajala!

L erzählt den zweiten Abschnitt von 2 (mit Bild 9).

Sch probieren Datteln und Feigen, evtl. Salat aus Melonenstückchen, Apfel, Birne.

Als Wiederholungsaufgabe: Die Sch rekapitulieren, was Ajala an diesem Tag erlebt hat, und erfinden für sie Träume. Diese Träume werden gemalt und erzählt.

Heute oder damals? L zeigt die Bilder von 10. Die Sch nennen Bildelemente von heute, die es damals noch nicht gab (Brille, Stuhl, Kochplatte, Bett).

Ein Dorf zur Zeit Jesu

Aufstehen, Ajala!

„Aufstehen, Ajala!" Mutter weckt das Mädchen. Hinweis auf Stand der Sonne (anstatt Wecker oder Uhrzeit).

Aufstehen. Schlafmatte zusammenrollen und in Wandnische (anstatt Bett, Bettkasten, Schrank) legen.

Durch die Türöffnung (anstatt Tür) fällt Licht, die Feuerstelle (anstatt Heizung, Ofen) drinnen ist kalt, weil es heiß genug draußen wird, jetzt im Sommer. Vor der Türöffnung laufen ein paar Hühner, eine Ziege meckert.

Draußen im Hof steht ein Wasserkrug (anstatt Badezimmer). Ajala wäscht sich Gesicht und Hände. Es duftet schon nach Brot (Beschreibung: Brotfladen backen).

„Frühstück ist fertig!" – Auf einem Tuch am Boden: Brot, Milch, Feigen (anstatt Brötchen, Marmelade, Kakao ...) Ajalas Familie setzt sich um das Tuch herum (anstatt Tisch und Stühle). Vater, Mutter, Mirjam, Dan, Benjamin, Ajala. Vater betet.

Ajalas Mutter backt Brot

4 Das Wohn- und Schlafzimmer

In der Schule

Alltags ist Schule in der Synagoge. Die Jungen lernen bei dem Rabbi, dem Lehrer der alten Schriften. Sie lernen die uralten Geschichten des Volkes, die Geschichten von Mose, von Abraham, Isaak und Jakob.

Sie lernen aus den 613 Geboten und Verboten ihres Volkes, aus den Geboten der Thora, aus dem Gesetz, etwa: Du darfst am Sabbat kein Feuer anzünden! Oder: Du darfst kein Fleisch von Schweinen essen!

Sie lernen auch das wichtigste Gebot aus der Thora: „Du sollst Gott lieb haben und zu den anderen Menschen sollst du freundlich sein." Stück für Stück lernen sie. Mit gekreuzten Beinen sitzen sie am Boden. Laut spricht der Rabbi vor. Laut sprechen die Jungen es nach.

Der Rabbi sagt: „Was ihr lernt, das sollt ihr euch immer wieder vorsprechen – wenn ihr zu Hause seid, wenn ihr unterwegs seid, wenn ihr euch hinlegt, wenn ihr aufsteht."

Die Jungen lernen auch, in den Schriftrollen zu lesen. Sie sind in hebräischer Schrift geschrieben. Man liest von rechts nach links, wie es aufgeschrieben ist. Nicht alle können hebräisch lesen. Nicht alle können hebräisch schreiben. Es ist sehr schwierig.

Dietrich Steinwede, Was weißt du vom Glauben? Göttingen 2010

Wasser in der Wüste

7 Wasser tragen

8 Worfeln

9 Töpfern

Was ist falsch?

Lesen

Kochen

Essen

Schlafen